筑摩選書

大澤 聡
Osawa Satoshi

教養主義のリハビリテーション

教養主義のリハビリテーション　目次

教養主義のリハビリテーション

はじめに

　教養主義は瀕死の状態にある。これまでも、衰退、没落、崩壊……と段階をふんでネガティブに形容されてきたし、そのつど劣化しながらもどうにかこうにか再生をとげたのだから、今度もまた大丈夫だという診断はもちろん不可能ではない。けれど、テクノロジーの劇的な進化は知の構造を根底からまるっきり組み替えつつあって、瀕死の原因の大半がもしもそこにあるのだとすれば、もはや手遅れなのかもしれない。いずれにせよ、旧来の意味でいう教養主義が消滅の局面にさしかかっていることはだれもが了解するだろう。

　しかしながら、というよりも、それゆえにというべきか、教養を主題とした特集がビジネス雑誌で頻繁に組まれ、新学期ともなれば「教養としての×××」といったテンプレを掲げる書籍が市場に送り出される。そこでは、「明日すぐ役に立つ」ことが対価分きっちりと期待されていて、たいていはその時点での最先端の分野がメニューにならぶ。いまならＡＩがそれだ。あるいはエンジニアリング全般や経済学。だけど、最先端は時間の経過とともにたちまち先端ではなくなるから安心できない。ここにひとつの罠がある。

　他方、むかしながらの教養論も健在だ。古今東西、時間と空間を自由自在に往還しながら、次から次へと読者の眼を眩《くら》まさんばかりにくり出される固有名や引用の数々は、〝教養ある話〟をいかにも体現していて、対象と語り口がそのまま合致する。であればこそ、読む人間をあらかじめ限定してしまう。そんな教養主義の自己循環もまたもうひとつの罠である。

このふたつの罠を回避した教養論が必要なのではないか。最新の知識をマニュアル化するハウツー路線でもなければ、教養の有無をパフォーマティブに確認しあう共同体路線でもない。そのどちらにも与《くみ》しない路線の選択。つまり、教養の中身ではなく、それが成立する条件やフレームの点検作業をとおして足場を組みなおすこと。教養主義の性急なアップグレードでもリバイバルでもなく、じっくりリハビリテーションからはじめること。それがこの本のミッションだ。その意味では、どこまでも遅い。ヒントは詰まっているが、期待したアンサーはないかもしれない。

ところで、「教養主義」をタイトルに含むことに照れがともなわないわけではまったくない。むしろ、こうやって「はじめに」を書いているそばからたえず含羞《がんしゅう》はつきまとう。そこで——というのもおかしいけれど、先達との対話のなかで考えていく形式をとることにした。鷲田清一、竹内洋、吉見俊哉の三氏をゲストに迎え、いっしょにミッションに取り組んでもらう。考えてみれば、「対話的教養」を提唱する本書に相応しいスタイルだ。三つの対話を経由したさきに、新しい教養を立ちあげる準備が読者のなかでいくらかなりとも整ったなら、この本の目的の大部分は達成されたことになる。

では、なぜこの三名なのか。設定の意図は各章冒頭のリード文を確認されたい。各章は単体で完結しているので、どれから読んでいただいてもかまわない。ただし、連続性が透かし見えるよう配列には気をくばってある。順に読めばリハビリの作業工程を疑似体験してもらえると思う。なお、さいごの章には単独の談話が収録されている。三つの対話を別の角度から補完する内容になっているはずだ。全ページ下部には用語解説欄を貫通させた。不慣れな読者への便宜をかんがみて多めに付けてある。本編である対話パートのリズムを削ぐのであれば、それは本意ではない。必要に応じてちらちらと参照してもらいたい。

*

二〇一五年、最初の単著である『批評メディア論』（岩波書店）の刊行直後に本書は企画された。じつをいうと、二〇一六年の秋には三つの対談収録はすべて済んでいた。ペンディング期間が長引いた要因はわたしの怠惰にある。とっくにデッドラインを越えてもなお見放さず緻密な編集にご尽力いただいた、筑摩書房の石島裕之氏に衷心よりお礼を申し上げる。脚註の作成は石島氏と水出幸輝氏の手を煩わせた。感謝したい。そして、不躾な対話に終始こころよく応答してくださった鷲田清一氏、竹内洋氏、吉見俊哉氏に最大限の謝意を。これ以上望みようのない贅沢な布陣でこのテーマに挑めたことを光栄に思う。いずれの対話もわたしには至福の時間だった。

二〇一八年四月九日

大澤 聡

第1章　【現代編】「現場的教養」の時代

鷲田清一×大澤聡

鷲田清一（わしだ・きよかず）
1949年生まれ。京都大学大学院文学研究科博士課程修了。現在、京都市立芸術大学理事長・学長。大阪大学名誉教授。せんだいメディアテーク館長。臨床哲学・倫理学を専攻。主な著書に『モードの迷宮』『「聴く」ことの力』（以上、ちくま学芸文庫）、『現象学の視線』（講談社学術文庫）、『「ぐずぐず」の理由』（角川選書）など。

鷲田清一さんのファンだという読者はたくさんいる。身のまわりの等身大の出来事や事物から哲学を練りあげていくボトムアップ式が支持されているのだろう。国語教科書に採用されたり、入試問題に頻出したりといった事情もそこからきている。理論や学説をはるか上空から投下するのではなく、ほうぼうの現場に出向いてしっかりと「聴く」ところから出発する。そして、いっしょに考える。それが鷲田さんの「臨床哲学」の基本だ。

大学に幽閉された哲学を日常や生活へと奪還する。そのための試みをいろいろと継続してこられた。連載中の「折々のことば」はその究極態といってもいい。ぺらいSNS文化に対抗するように、おなじ短いフレーズでも濃縮された一文を膨大なアルシーヴのなかから抜きだす。これまた短い解説によって前後左右をくみとらせる。対話の起点にもなれば、新たな読書への導線にもなる。このスタイルには「新しい教養」のヒントがあるんじゃないだろうか。そこで、第1章では鷲田さんとともに、現代社会と教養の接面の周囲をめぐって対話していく。事前にお伝えしたキーワードは「対話」と「現場」だ。

ところで、この対談は鷲田さんが学長をつとめる京都市立芸術大学で収録された。9月中旬のまだまだ暑さの残る某日、キャンパスを散策しつつ学長室へとむかった。その途上そこここに、謎の建築物や制作途上のオブジェ、そのための道具や材料が大量にころがっていた。秋に学祭をひかえているのだという。そんな「つくる」に満ちた空間は、対談の進行に思いがけず陰に陽に影響している。（大澤 聡）

1　リーダー・フレンドリー？

大澤　鷲田さんの『じぶん・この不思議な存在』[★1]のなかにこんなくだりがあります。ふだん、私たちは胃の存在なんて意識していない。不具合が生じてはじめて意識する。それとおなじで、「じぶんとは何か」という問いも「じぶん」が衰弱しているときにこそ浮上してくるのだと。これは今回のテーマである「教養」についてもいえるんじゃないでしょうか。二〇〇〇年代以降、「教養」をテーマに掲げた書籍や雑誌の特集号がたくさん出ました。この一五年のあいだ、ずっと「教養、教養、教養！」と叫ばれつづけてきた。裏をかえしていうと、これは教養が危機に瀕していることのあらわれなのでしょう。

鷲田　よく「教養ブーム」といわれますね。けれど、ブームというわりにはなんだかスカスカなイメージが僕にはある。とくに、書店で新書の氾濫[★2]を目にするときにそれを感じます。

大澤　むかしだったら総合誌や論壇誌が特集化したであろうテーマを、いまは雑誌が機能しないものだから、新書というパッケージが肩代わりしている。その証拠に、複数の論客の文章を集めた新書だったり、座談会や対談の形式をとった新書だった

★1 **『じぶん・この不思議な存在』**
鷲田清一著、講談社現代新書、一九九六年刊。

★2 **新書の氾濫**
岩波新書（一九三八年創刊、以下カッコ内は創刊年）、中公新書（六二年）、講談社現代新書（六四年）が「新書御三家」とされる中、九〇年代に入ってちくま新書（九四年）、PHP新書（九六年）、文春新書（九八年）、平凡社新書（九九年）、集英社新書（同）と創刊が続き、二〇〇〇年代には講談社＋α新書（〇〇年）、生活人新書（〇一年→二〇一一年にNHK出版新書）、光文社新書（〇一年）、中公新書ラクレ（同）、新潮新書（〇三年）、朝日新書（〇六年）、幻冬舎新書（同）、小学館新書（〇八年）と、大手出版社による新書創刊が相次いだ。

りが増えています。ようするに雑誌的につくられている。

鷲田　読者が自分のものの見方をごそっと入れ替える、あるいはゆさぶる、そんな本を求めているのかというと、ちょっと「?」がつく。

大澤　いってみれば知的サプリですよね。最近、アメリカ外交に関する知識が不足しているから摂取しとこう、みたいな。

鷲田　まさにサプリメント。他者の思考と格闘するというよりは、補足であり補給ですね。

大澤　そして、手軽に取れるだけに、流れ去っていくのも速い。

鷲田　それにくらべて、むかしの新書は体系的でがちっとしていて、けっこうむずかしかったですよ。教養書はそう簡単に歯が立つものじゃなかった。

大澤　その意味での「教養新書」はほとんど絶滅しましたね。かわりに、ビジネス書や自己啓発本、スピリチュアル本がひろく読まれる。

鷲田　いまの読者は自分が日々漠然と感じたり考えたりしていることを確かめるために本を手にしているふしがある。

大澤　すでに知っていることこそを読みたい。むしろ、それだけを読みたい。

鷲田　自分が気づけずにいた視点や認識をあらためて発見するために本を読んでいるわけではないのかもしれない。

大澤　うちの父親がドラマ「水戸黄門」★3の最後のほうのシーンだけ見ては、毎回、印籠が出て形勢逆転する場面で溜飲をさげていました。あれも新しい発見や変化があってはむしろ困るわけです（笑）。毎回おなじだからいい。

鷲田　だから、書いてあることの九割が理解できるような本でないと、むずかしくてダメな本だとされる。

大澤　ネット上のレビューで、「むずかしく書いてあって自分にはよくわからなかった。だからこれはダメな本。★2つ」といった評価を見かけますね。むちゃくちゃな論理ですよ。大学の授業で学生たちに指定した課題本に対しても、それとおなじタイプのコメントが出てきてしまう。「リーダー・フレンドリー」★4なんていって読者を過剰に甘やかしてきたつけですね。読めない原因は本の書き方の悪さにだってあるから無理して読まなくていいんだよ、という悪魔の囁《ささや》きが誤って浸透してしまった。

鷲田　なるほど、それはあるかもしれない。

大澤　その結果、なんとか食らいついて理解したいなんて読書スタイルは消滅しつつある。それは「教養主義の崩壊」とそのままイコールです。わかりやすく書いてもらって当然といった感覚を多くの読者がもっている。サプリメントなんだから、対価を払った以上は飲みやすくないと困るというわけでしょう。それにともなって、

★3 **「水戸黄門」**
TBS系列で毎週月曜の夜八時に放送されていた時代劇。水戸藩二代目藩主の水戸光圀（黄門様）が身分を隠して諸国を旅し、世直しをして回るというもの。一九六九年に放送が開始され、二〇一一年の終了まで、四三シリーズが制作され長寿番組として人気を博した。

★4 **リーダー・フレンドリー**
（reader friendly）
読者にとってのわかりやすさを優先する書き方の志向性。

書き手はサービス業者になり下がってしまった。「この章のポイントは……」という要約が各章のおわりに付いていたり、あらかじめ重要そうな箇所にご丁寧にもラインが引いてあったりする、そんないたれりつくせりの本が増えました。「読書」というよりは情報の「消費」が想定されている。あれはテレビのテロップ文化と同根でしょうね。はじめは文字でオチをつくる編集芸だったのが、いつのまにか重要そうな発言をひたすら文字に起こすだけになってしまった。

鷲田　もちろん、読者に通じるように書くことは大切なんです。けれど、ちょっと方向がね……。

大澤　その意味でいうと、鷲田さんはどのくらい読者を意識して書いてらっしゃいますか。たとえば、『朝日新聞』の朝刊一面に毎日連載してらっしゃるコラム「折々のことば」★5は数百万人の目に触れるわけですけど。

鷲田　あの連載にかぎらず、不特定多数の人間を意識して書くことなんてできません。だから、たいていは数名の知りあいの顔がちらちらと脳裡に浮かんでくる。その人たちが読んでスカスカだと笑わないだろうか、納得してくれるだろうか、なんてことも同時に意識しながら書いています。

大澤　読者におもねることと、わかりやすく書くこととはちがう。けれど、いまはそのあたりがごちゃまぜにされていますね。

★5 **「折々のことば」**
二〇一五年四月に連載スタート。鷲田清一が哲学者パスカルからツイッター上のつぶやきまで、古今東西の六〇字以内の言葉を紹介し、一五二～一八〇字で解説を加えるという形式のコラム。『朝日新聞』の朝刊一面に毎日掲載される。

★6 **『哲学の使い方』**
鷲田清一著、岩波新書、二〇一四年刊。

★7 **臨床哲学**
哲学研究の内部に閉じこもるので

鷲田　最近の本でいうと、『哲学の使い方』★6。タイトルに「使い方」と付いているけど、いわゆるハウツーものではありません。

大澤　それどころか、読者のなかの「哲学」のイメージを攪乱《かくらん》する。

鷲田　ハウツーだと思って読んだ読者に怒られたことがあるんだけどね（笑）。

大澤　ぜんぜん使えないじゃないか！（笑）

鷲田　日本の哲学の状況に僕は根本的な疑問をもっているんですよ。そこから僕の「臨床哲学」★7は出発している。哲学を学びはじめた人たちにそのへんの事情を伝えたいという気持ちがつよかった。

大澤　「哲学カフェ」★8の実践例を紹介して、これからの哲学の可能性の一つはここにあるのだと展開されていましたね。同時に、臨床哲学が思わぬかたちで学問的に制度化されつつあることにもいらだってらしたのが印象的でした。

鷲田　だから、あの本には別れの挨拶《あいさつ》のようなところもありますね（笑）。

大澤　哲学業界の人たちへのメッセージでもあった、と。さきほどおっしゃったように書き手が読者一般をイメージするのは大変なことです。たいていは編者や編集者、身近な人間を念頭におきますね。

鷲田　それでいうと、書くのが大変だったのは『子どもの難問』★9。野矢茂樹★10さんが編者になって企画した本で、「なぜ生きてるんだろう？」「幸せって、なんだろ

はなく、医療や介護、教育など、問題が起きる現場で生きる人びとと対話し、ともに苦しみながら思索を展開する学問。現場から考える哲学のフィールドワーク。

★8 **哲学カフェ**　一九九〇年代のフランスで自然発生的にはじまった哲学ディスカッション。哲学的知識の有無に関わらず、カフェに集まった様々な人びとがテーマを決め、自由に議論する場として運営される。日本では、二〇〇〇年ごろから大阪大学臨床哲学研究室のメンバーを中心に活動がはじめられた。

★9 **『子どもの難問』**　野矢茂樹編著、中央公論新社、二〇一三年刊。

★10 **野矢茂樹**（のや・しげき　一九五四～　）哲学者。著書に『同一性・変化・時間』『論理学』など。

う？」といった形式の二十二個の問いそれぞれに哲学者が二名ずつ答えていく。タイトルにあるとおり、中学生や高校生が読者層に想定されていたんですが、ふだんそんな若い人たちと付きあいがあるわけじゃない。

大澤　読者層を指定されても、その読者を具体的にイメージできるとはかぎらない。

鷲田　だから、下手すると読者そっちのけで、おなじお題のもう一人に負けまいとして書いてしまう。バトルみたい（笑）。

大澤　『子どもの難問』がそうだというわけではありませんが、言葉尻をそれっぽく子ども向けに変換しただけの本もけっこうありますよね。子ども向けのテンプレなりステレオタイプなりがむかしから存在する。

鷲田　それをやると、妙になめた文章になりがちです。

大澤　そう。唐突に「君たち！」と呼びかけてみたり（笑）。あれは吉野源三郎[★11]の『君たちはどう生きるか』[★12]や昭和戦前期の教養主義文化のなごりだと思いますけど、ポーズだということは子どももすぐに察知するはずです。

鷲田　あの手の子ども向け哲学書は意外と大人が読んでいるんでしょう。

大澤　「よりみちパン！セ」[★13]や「14歳の世渡り術」[★14]、「岩波ジュニア新書」[★15]といった中・高生を読者層に設定したシリーズがありますが、大人が入門書代わりに読むことも多い。僕も読書の入口としてお薦めすることがよくあります。子ども向けだと

★11 **吉野源三郎**（よしの・げんざぶろう　一八九九〜一九八一）編集者、ジャーナリスト。『世界』（岩波書店）初代編集長として知られる。

★12 **『君たちはどう生きるか』**　吉野源三郎著、新潮社、一九三七年刊。二〇一七年には羽賀翔一により漫画化され、大ヒットした。

思って読むから、肩の力を抜くことができる。不必要に力まないことは大事です。

2　日常のことばで考える

大澤　鷲田さんの本には、各章の題に一つずつ単語が掲げられていて、本論のなかで語源にぐーっとさかのぼっていく過程がそのまま分析になっているものがけっこうありますよね。ロゴフィリア★16というか、言語フェチみたいなところがある。『ことばの顔』★17はタイトルからしてそれが表われています。語源から連想的につなげていくプロセスをとおして、読んでいるこちら側の世界認識が組み替わる、そんな作用があれらの本にはあるんじゃないでしょうか。このスタイルは哲学の基本でありながら、一般読者に届きやすい。

鷲田　ヨーロッパの哲学書って、じつはそれほどむずかしい言葉は使っていないんですよ。ヘーゲル哲学は難解だとよくいわれます。ですが、「存在」（有）のドイツ語は「Sein」（英語ではbeing）だし、「生成」であれば「Werden」（becoming）。どれも日常的に使われる、ごくありふれた単語です。ところが、それが日本語に訳されたとたんにむずかしくなってしまう。だから、僕は日本ではまだ哲学ははじまっていないと考えています。

★13 **「よりみちパン！セ」**
二〇〇四年に理論社より創刊。『この世でいちばん大事な「カネ」の話』（西原理恵子）、『バカなおとなにならない脳』（養老孟司）など。

★14 **「14歳の世渡り術」**
二〇〇七年に河出書房新社より創刊。『暴力はいけないことだと誰もがいうけれど』（萱野稔人）、『右翼と左翼はどうちがう？』（雨宮処凛）など。

★15 **「岩波ジュニア新書」**
一九七九年に岩波書店より創刊。『フランス革命』（遅塚忠躬）、『詩のこころを読む』（茨木のり子）など。

★16 **ロゴフィリア**（logophilia）
論理への傾倒や病的な愛好。

★17 **『ことばの顔』**
鷲田清一著、中央公論新社、二〇〇〇年刊。

大澤　明治期に「哲学をする」のではなく、「哲学を研究する」ことから出発したことにも関係していますね。

鷲田　ハイデッガーはそういうタイプの哲学を皮肉を込めて「哲学－学」(Philosophie-Wissenschaft) と呼びました。

大澤　日本では横のものを縦にした輸入学問にとどまったままで、本当の意味でものにできていないとむかしから指摘されます。あちらのものをこちらにもってくるだけで価値が発生する。後発近代の必然ですね。ただ、青年期に哲学に魅かれるのはむずかしい外来語や漢語が並んでいてかっこいいから、なんていう中二病[★18]的な動機もまちがいなくある(笑)。それが哲学の求心力となってきた部分は無視できない。教養主義はスノッブ[★19]な側面も大きいので。

鷲田　たしかにそういうところはありますね。歌舞伎の「見得」にしびれるというのに近い。

大澤　小林秀雄[★20]や柄谷行人[★21]の独断的な言い回しはまさに「見得」ですね。

鷲田　大学に入って最初にふれた哲学の「見得」はキェルケゴール[★22]の『死に至る病[★23]』の冒頭の一節でした。「自己とは関係が関係それ自身に関係するというそのことである」と(笑)。まるで見ず知らずの人にいきなり胸ぐらをぐいと摑まれたような感じでした。

★18 **中二病**　中学校二年生前後の年代にありがちな態度をあらわす俗語。不自然に大人びた言動や、親や社会に対する反抗などを指す。一九九九年にラジオ番組「伊集院光のUP'S深夜の馬鹿力」で生まれたといわれる。インターネット上などでは「厨二病」と表記される場合もあり、自己中心的な発言、幼稚な言動を揶揄する意味が込められる。

★19 **スノッブ**(snob)　気取り屋、えせ紳士。知識や教養をひけらかすような見栄張りを指す場合が多い。

★20 **小林秀雄**(こばやし・ひでお　一九〇二～八三)　文芸評論家。著書に『無常といふこと』『本居宣長』など。

★21 **柄谷行人**(からたに・こうじん　一九四一～　)　哲学者、文芸批評家。著書に『マル

大澤　若いときにはああいったのにやられる。感染力がある。

鷲田　ヨーロッパの人が哲学でやろうとしたことを自分たちでやるのであれば、やっぱり僕らがふだん使っている日常語をどこまで解剖して再定義できるかどうかにかかっている。言語ごとに意味の組織のされ方が異なりますから。そのとき、エティモロジー★24（語源学）が意味をもつんです。

大澤　タイトルにもなっているとおり、「折々のことば」ですね。あそこには、著名な偉人たちの言葉が紹介されるとともに、日によっては無名の一市民の言葉が混ざり込んでいる。その日常的な言葉からある真理を発見して、それを小むずかしくするのではないかたちで解説する。それも哲学のミッションですよね。

鷲田　ええ。ことばの「民主主義」を狙っているところはたしかにあります。エティモロジーということで言うと、たとえば「face」という英単語がある。ふつうに訳せば「顔」。けれど、日本語には「面（おもて）」という言葉もある。しかも、「面を上げよ」というときの「面」は素顔を意味するのに対して、お能では仮面を指す。どうも僕たちは、本物の顔である「素顔」と偽物の顔である「仮面」を劃然《かくぜん》と区別せずに「顔」を捉えているらしい。この問題はヨーロッパ流の真偽の二分法では説明できないんですね。エティモロジーを哲学の思考に組み入れてこられた坂部恵さん★25の影響もあって、「顔」についていろいろ考えるようになりました。

クスその可能性の中心』『隠喩としての建築』など。

★22 **キェルケゴール**（Søren Kierkegaard, 1813-55）デンマークの哲学者、キリスト教思想家。筆者に『あれか、これか』『不安の概念』など。

★23 **『死に至る病』** 原著 *Sygdommen til Døden. En christelig psychologisk Udvikling til Opbyggelse og Opvækkelse* は一八四九年刊。一九三五年刊『キェルケゴール選集第一巻』（改造社）所収の「死に至る病——弁証法的人間学」が最初の邦訳（菅円吉、大村晴雄訳）。

★24 **エティモロジー**（etymology）語源学、語源論。ある語が何に由来し、どのように意味や形が変化してきたのかを探求する態度。

大澤　『顔の現象学』[★26] ですね。

鷲田　他方、怪しげな、都合のいい解釈もすごく多い。だから、慎重にならざるをえないんですが、自分の固定観念をゆさぶるときにエティモロジーはうまく機能します。思考の道具として使える。

大澤　坂部恵の名前が出たので、そこに強引につないでみると、坂部さんは一九三六年生まれですね。鷲田さんのだいたいひと回り上。ちょうどそのあたり、一九三〇年代生まれの書き手に、山口昌男[★27]、渡邊守章[★28]、磯崎新[★29]、高橋康也[★30]、鈴木忠志[★31]、前田愛[★32]といった人たちがいます。僕はこのあたりのひとが七〇年代後半に牽引した現代思想ブームの時代を『現代日本の批評　1975-2001』[★33] のなかで「プレ・ニューアカ期」と呼んだのですが、それぞれの専門ジャンルはほんとうにバラバラなんだけど、対談の組み合わせを自在にセッティングすることが可能だったし、横断的に議論できた。なにより、いま読んでもかなり刺激を受けます。それでいて文章がわかりやすい。事例のもっていき方がうまいんです。最先端の理論を紹介しているんだけど、それが読者の日常にきちんと着地していた。本来の意味での哲学が誕生しかけていたといっていいんじゃないでしょうか。

鷲田　たしかにそうですね。

大澤　ところが、時代が下るにつれてペダンチック[★34]になっていく。現実から遊離し

★25 **坂部恵**（さかべ・めぐみ　一九三六～二〇〇九）哲学者。著書に『仮面の解釈学』『和辻哲郎』など。

★26 **『顔の現象学』** 鷲田清一著、講談社学術文庫、一九九八年刊。元版は『見られることの権利　〈顔〉論』（メタローグ、一九九五年）。

★27 **山口昌男**（やまぐち・まさお　一九三一～二〇一三）著書に『文化と両義性』『「敗者」の精神史』など。

★28 **渡邊守章**（わたなべ・もりあき　一九三三～　）フランス文学者、演出家。著書に『仮面と身体』『ポール・クローデル』など。

★29 **磯崎新**（いそざき・あらた　一九三一～　）建築家。著書に『建築の解体』『空間

た知的な言語ゲームの世界に嵌《はま》りこんで内閉してしまう。鷲田さんがデビューされるのはその時代です。いまあのあたりのいろいろな人の仕事をまとめて読むと、どこかそうしたゲームから距離をおこうとしていたように見える。その鷲田さんが「臨床」にむかうのは必然的だったのでしょう。西洋の哲学や倫理学を存分にふまえつつも、自前の哲学をつくり出そうとしてこられた。

鷲田　そんなたいそうなことではないんだけど、僕が「現場」から言葉を立ちあげたいと思うようになったきっかけの一つに、鶴見俊輔[★35]さんの『アメリカ哲学』[★36]がある。じつは四〇代も半ばをすぎて読みました。鶴見さんのその本に、哲学とは理論の発明ではなく発見だと書かれてあって、これに衝撃を受けました。人びとの暮らしのなかで生きられている大切なものを発見する。そして、言語化する。それが哲学なんだと書かれてあった。自分がやっていたファッション論はそれだと思ったんです。「発見」という言葉がすごく腑に落ちた。

大澤　「discover」はまさに、そこにたしかにあるのに自分には見えなくしているカバー（cover）を取りのぞく（dis-）。「折々のことば」は鷲田さんのそうした「発見」を読者にも共有してもらう試みになっていますね。

鷲田　こういう見方もあるよと紹介できたらいいと思ってやっています。まぁ、読者によって合う合わないはあるでしょうね。僕の場合、哲学がいま格闘している問

へ』など。

★30 **高橋康也**（たかはし・やすなり　一九三二〜二〇〇二）英文学者。著書に『ノンセンス大全』『道化の文学』など。

★31 **鈴木忠志**（すずき・ただし　一九三九〜　）演出家。著書に『演劇とは何か』『劇的言語』など。

★32 **前田愛**（まえだ・あい　一九三一〜八七）日本文学研究者。著書に『近代読者の成立』『都市空間のなかの文学』など。

★33 **『現代日本の批評 1975-2001』**東浩紀、市川真人、大澤聡、福嶋亮大、講談社、二〇一七年刊。

★34 **ペダンチック**（pedantic）衒学的。学識をひけらかす態度。

題と、職人さんやデザイナーたちが格闘している課題とが、森の空き地のようなところでたまたま出逢ったというかんじがあると胸が躍ります。

大澤　一見遠く離れたもの同士が、じつはおなじ構造に支えられていたり、おなじ要素を抱えていたりする。それを発見することもまた教養でしょう。

3　パッシブにならない

大澤　教養という意味でいうと、言葉をとっかかりにすることは手放すべきではないですね。マンガや映像など別種のメディアで教養を身につけることが可能だという意見もあるわけですが。

鷲田　マンガの表現からも、もちろんたくさんの刺激を受けます。

大澤　教養のインターフェイスとして、たとえばマンガはいいとしたとき、では、テレビはどうなのか。ネットはどうなのか。僕は入口としてはいいんだけど、ある段階から書籍に移行しないと教養として着地しないと考えています。この点ではかなり保守的ですね。というより、教養を擁護するときには、どうしても構造からして保守的にならざるをえない。アラン・ブルーム★[37]の『アメリカン・マインドの終焉★[38]』が典型的。

★35 **鶴見俊輔**（つるみ・しゅんすけ　一九二二〜二〇一五）哲学者、思想家。著書に『戦時期日本の精神史』『限界芸術論』など。

★36 **『アメリカ哲学』** 鶴見俊輔著、世界評論社、一九五〇年刊。

★37 **アラン・ブルーム**（Allan Bloom, 1930-92）アメリカ合衆国の哲学者。著書に『シェイクスピアの政治学』など。

★38 **『アメリカン・マインドの終焉』** アラン・ブルームの主著。原著 *The Closing of the American Mind* は一九八七年刊。みすず書房版は一九八八年刊。

★39 **ディック・ブルーナ**（Dick Bruna, 1927-2017）オランダのデザイナー。「うさこちゃん（ミッフィー）」シリーズで広

鷲田　テレビは人をパッシブにしますよね。情報が向こうからやって来るから、こちらから取りに行く必要がない。

大澤　進行のスピードも向こうが設定する。それが本だと、読み進める速度のコントロール権をこちら側がもっている。読書は受動的ではありえない。

鷲田　それでいうと、すぐれたデザインには人をパッシブにしないという特質がある。あれこれデザインしすぎたり、いろいろな機能を付加しすぎたりしてしまうと、使う側の能動性を引き出せなくなる。自分で櫂《かい》をこぐことを忘れさせるんです。

大澤　遊びや余白の部分を残しておくべきですね。子どもの絵本はまさにそうやって、あえて想像力の余地をふんだんに残してある。僕はディック・ブルーナ[★39]が好きなんですが、まさに余白に満ち溢れている。マーシャル・マクルーハン[★40]の有名なプローブ[★41]に「ホット」と「クール[★42]」という示差的な形容がありますが、まさにクールであるものはスカスカであるがゆえに、こちらが想像力やアクションを補完してやらないといけない。だから、受容側が能動的にならざるをえない。

鷲田　すぐれたデザインが備えている要素にはあと二つあって、その一つが多義性です。プロダクトデザインは機能だけで設計されるとものすごくつまらないものになるんです。これは比喩だけど、台所が料理をつくるためだけの空間だとしたら、おもしろくない。新聞を読んでいたり、家計簿をつけていたり、宿題をやったり。

く知られる。

★40 **マーシャル・マクルーハン**（Marshall McLuhan, 1911-80）カナダの英文学者、文明批評家。著書に『メディア論』『グーテンベルクの銀河系』など。

★41 **プローブ**（probe）探針、探査。マクルーハンは、自身の短文表現を指してしばしば「プローブ」という言葉を使った。この比喩表現は、探求的であることと、新たな洞察を切り開く可能性を含意するものであり、そのため、「プローブ」として発せられた発言の価値はつねに相対的で暫定的なものにとどまる。

★42 **ホット／クール**　一九六四年に刊行された『メディア論』（Understanding Media: The Extensions of Man）におけるマクルーハンの概念。日本語訳

包丁やなんかがしまってあるから子どもはひきだしをやたらと開けてみたり。家族の団らんの場にもなれば、テレビを見る場にもなる。そうやって多義的であることがおもしろくさせる。かつては道路も、子どもの遊び場であったり、井戸端会議の場であったりと、じつに多義的でした。いまは、車道は車が走る場所、歩道は人が歩く場所、といったぐあいに単一の機能が定まっている。よいデザインはなにが起こるかわからない方向にひらかれている。

大澤　特定の機能に限定されてしまうと、変えるという発想も生まれにくい。世の中は全体的にそっちの方向へとどんどん突き進んでいるわけですが。

鷲田　高速道路を走らされているようなものですね。高速道路では何キロ以上で走ってはならないし、何キロ以下で走ってもいけない。そう決められている。

大澤　すべて決められると、楽ですけど、別の用途に応用的に使うという想像力が出てきづらくなる。よくいわれるように、臨機応変に意味や機能を組み替えることができるのも教養です。

鷲田　残る一つは批評性です。同時代の暮らしへの批評がデザインには不可欠です。

大澤　ユーザーに自分たちの生活を振りかえらせるわけですね。

鷲田　建築家の坂茂★43さんがデザインしたトイレットペーパーは四角くなっているんです。四角柱だから隙間が少なくて箱に詰めたとき、スペースが省ける。その意味

は一九六七年に竹内書店から刊行。そこでマクルーハンはメディアを大きく二種類に分類している。情報の精細度が高く受け手によって補われる必要の少ないメディアを「ホット」。反対に、情報の精細度が低く受け手の補完を多く必要とするメディアを「クール」と形容した。

★43 **坂茂**（ばん・しげる　一九五七〜　）

では機能的なんです。けれど、くるくるとスムーズに紙が出てくる丸いトイレットペーパーとちがって、からからとなかなかうまく紙が出てこない。だから、紙を引っ張り出すことに意識的になるわけですね。つまり、その存在自体がエコという名の浪費に対する批判になっている。

大澤　パッシブではダメ、多義性を残す、批評性もしのばせる、このデザインの三要素はそのまま教養の重要な成立条件でもありますね。話をすこしもどすと、テレビはかなりパッシブですね。では、インターネットはどうでしょう。こちらから検索をかけないと情報は出てきません。

鷲田　インターネットは世界を開きもすれば閉じもする。そこにはかなり工夫がいるでしょうね。

大澤　これはよく指摘されることですが、検索窓に入れることができる単語はすでに自分が知っている単語だけなんですよね。それは冒頭でいった「知っていることを読みたい」という、自分が感じていることを確認するだけの自己循環的な読書とどこか似ている。東浩紀★44さんが『弱いつながり★45』で強調したように、新しい検索ワードを獲得するためには外に出る必要があるのでしょう。

鷲田　本来、本は未知のものとの出会いがあるものです。

大澤　そう。だから、知っていることを本に求めていないか、つねにセルフ・チェ

建築家。紙管(紙の筒)を用いた「紙の建築」を開発。世界各地の被災地で災害支援プロジェクトを展開。著書に『紙の建築　行動する』『坂茂の家の作り方』など。

★44 **東浩紀**(あずま・ひろき　一九七一～　)
批評家、哲学者。著書に『存在論的、郵便的』『動物化するポストモダン』など。

★45 **『弱いつながり』**
東浩紀著、幻冬舎、二〇一四年刊。

ックする必要がある。もし読んでいて全部わかるようなら、その本はそもそも読む必要がないのではないかと疑ってかからないといけない。西田幾多郎[★46]も「読書[★47]」というタイトルの随筆のなかで、ちょっとむずかしいくらいがいいんだと指南している。わかりすぎてもダメ、わからなすぎてもダメ。

鷲田　それを見きわめるのが大事ですね。

大澤　ところで、「折々のことば」のネタのストックも大変そうですが、執筆のアイデアをメモするときは手書きですか。

鷲田　以前は手で書いていましたけど、いまはパソコンに入れることが多いですね。

大澤　僕もパソコンでのメモが大半なんですが、最近、筆記する身体能力が圧倒的に衰えたと実感しているんです。いま読んでいる本は、久しぶりにページの余白に細かくメモをとってみようと思って書き込みを進めていたんだけど、ぜんぜん速く書けない。走り書きの仕方を指が忘れている。

鷲田　えーっ（笑）。

大澤　運動会のときに保護者がずっこけるシーンがありますよね。現在の身体能力と頭のなかで思い描いている過去の自分の動きとのあいだにギャップがあって、そのちぐはぐさで転倒するわけですが、まさにあれ。文字どおり指がもつれる。ぜんぜん読めない文字になるんですよ。しばらくしたら感覚ももどってくるとは思いま

★46 **西田幾多郎**（にしだ・きたろう　一八七〇～一九四五）哲学者。著書に『善の研究』『思索と体験』など。

★47 **「読書」**　初出は京都府立第一中学校編纂『読書の栞』（一九一六年）。『西田幾多郎全集』第十一巻（岩波書店、二〇〇五年）に所収。そのなかで西田は、「余の考では、書を読むには、自分に少し難解の書を読む方がよいと思ふ、我々が峻阪に攀登る如き考にて難解の書を読む方がよいと思ふ」と述べている。

すが。ともあれ、それだけペンを使ってメモをする機会が減りました。

鷲田　素朴な意見ですが、本のメモを手で書くことはいちど自分の体のなかに入れるようなかんじですよね。

大澤　福田和也★48さんもずいぶん前に『ひと月百冊読み、三百枚書く私の方法』★49で、おなじ理由から抜き書きの快楽を強調していました。

鷲田　読んでも通りすぎるだけだけれど、やっぱり書くとちがいますよね。

大澤　文学研究者の小森陽一★50さんはおどろくべきことにいまでも原稿はすべて手書きで、かといって遅いなんてことはまったくなくて、むしろ、ちこちこと改稿する僕たちよりよほど速筆。一気呵《か》成《せい》に仕上げてしまう。頭のなかに文章の構成がきちんとできあがっているのでしょう。

鷲田　それから、学会発表やセミナーでパワーポイントで説明されると、その場ではすごくわかりやすいのに、あとになるとぜんぜん頭に残っていない。あれはなんだかむなしい（笑）。

大澤　だから、僕は講義でも基本的にパワーポイントは使わず、全部板書していきます。板書すると、ひたすらしゃべっている内容が文字としてどう図解されていくのか、そのプロセスも同時進行で見られるし、それを学生たちもノートに適宜再現する必要があるから、理解度がちがう。けれど、この数年は変化がおきつつある。あ

★48 **福田和也**（ふくだ・かずや　一九六〇〜　）文芸評論家。著書に『奇妙な廃墟』『日本の家郷』など。

★49 **『ひと月百冊読み、三百枚書く私の方法』** 福田和也著、PHP研究所、二〇〇一年刊。

★50 **小森陽一**（こもり・よういち　一九五三〜　）日本文学研究者。著書に『構造としての語り』『漱石を読みなおす』など。

る程度板書がまとまった段階でスマホでカシャッと撮る学生が出てきたんです。数年前まではこっそりとだったけど、いまは正当な行為だというかんじで悪びれるでもない。

鷲田　なるほど……。

大澤　もちろん、好意的に解釈すれば後でいつでもどこでもじっくり見返せるという利点があるわけですが、まぁまず見返すことはないでしょう。撮ったら安心しておわり。それは僕も経験があります。授業や講演でパッシブにならないためにも、自分なりに頭を働かせてがんがんメモを取るべきですね。

4　コミュニケーション圏の外へ

大澤　学生たちのことを念頭に教養の話をするとつい愚痴めいてしまって本意ではないんですが、かつては、あの本は読んでおかないと仲間に馬鹿にされるんじゃないだろうかとか、この本を読むと頭がよさそうに見えるかも、とかいったオブセッション[★51]があったと思う。僕が学生だった二〇年前にもかろうじてありました。残りかすみたいなものですが、少なくとも、かつてそういう定番のタイトルが存在したんだということくらいはちゃんと想像できました。

★51 オブセッション(obsession)
強迫観念。

★52 **大正教養主義**
哲学や歴史学、文学などの読書をとおして人格の完成を目指す態度のこと。阿部次郎『三太郎の日記』や西田幾多郎『善の研究』が刊行されることにより、大正期の旧制高校を主な舞台として定着した。第2章を参照のこと。

鷲田　まちがいなくありましたね。

大澤　読書は一般的に孤独な行為だといわれます。でも、他者の存在を意識することによって読書が可能になるところもある。とくに、大正教養主義[★52]が花ひらいた時代、旧制高校[★53]では正規カリキュラムとは別の非公式の裏カリキュラムのようなものが存在しました。それが暗黙のうちに共有された必読文献メニューですね。裏が表になりもする。その「読んでいないと恥ずかしい」「読むとかしこく見える」というスノッブな感覚が読書を駆動していた。一人でも二人でもいいんです。その人と会うときまでに読んでいようという心構えが読書のモーターとなる。

鷲田　ちょっと前に内田樹[★54]さんがいっていたんだけど、あたらしくゼミに来た二人の学生のうち、一人はカフカ[★55]が好きで、もう一人は谷崎潤一郎[★56]が好きで、めずらしく文学方面の学生だったものだから、二人を引き合わせてみたんですって。すると、話がまったく嚙み合わなかった。

大澤　なんという悲劇……（笑）。関心のレンジがせまくなっているわけですね。

鷲田　谷崎を研究している学生はカフカに関心がなくて読んだこともない。カフカが好きな学生は谷崎に関心がない。というより、ほとんど知らない。

大澤　見切りをつけるタイミングが早くなっているんじゃないでしょうか。効率主義の行きつく先ですね。しかし、それはほんとうに効率的なんだろうか。長期的に

★53 **旧制高校**
旧学制の高等学校は一八九四年の高等学校令により成立し、第一高等学校（東京）以下、五校が発足した。卒業生の多くが帝国大学および官立大学に進学する。一九四七年の学制改革により廃止された。

★54 **内田樹**（うちだ・たつる　一九五〇～　）
哲学者、文筆家。著書に『レヴィナスと愛の現象学』『私家版・ユダヤ文化論』など。

★55 **カフカ**（Franz Kafka, 1883-1924）
小説家。プラハに生まれ、ドイツ語で作品を書いた。著書に『変身』『審判』など。

★56 **谷崎潤一郎**（たにざき・じゅんいちろう　一八八六～一九六五）
小説家。著書に『細雪』『痴人の愛』など。

見ると、ものすごく非効率に見えてならない。網はひろく張っておいたほうがいい。それから、数少ない手持ちのカードのなかから、相手の興味や関心にひっかかりそうな要素をどうにかこうにか引っぱり出してきて、話をつなぐという能力が落ちているように見えます。そばで見ていて「あ、ここであの話をしなよ！」と思うところでそれが出てこない。少し変形してその文脈に接続させる、これも教養の一つのあり方だと思う。僕はそれを「対話的教養」と呼んでいます。これが衰退している。

鷲田　たとえば関西では、語り終えるときには次に話が続くような終わり方をしなければならないというマナーというかプレッシャーがあったんですが、近ごろは自分のフィールドが固定されてしまっているんでしょうね。そこに張りめぐらされたアンテナに引っかからないと反応しない。たとえば、女子高生が何人か電車に乗っていて、隣におじさんがいたとしても、見ず知らずの人だからなにを話しても平気。

大澤　フィールドの外部はただの風景ですからね。

鷲田　それと似た現象が、知的好奇心の領域でも起きている。

大澤　ウォークマン★57の登場が一九七九年。八〇年代前半にヒットしました。それ以降、電車などのパブリックな空間にプライベートな空間を擬似的につくり出すアイテムが続々と誕生します。ケータイがその代表ですね。そして、「公共空間の個室化」が進む。アーヴィング・ゴッフマン★58のいう「フレーム★59」がひとつの場で多重化

★57 **ウォークマン**　ソニーが開発・販売した携帯用音楽プレーヤー。

★58 **アーヴィング・ゴッフマン**(Erving Goffman, 1922-82)　カナダ出身のアメリカの社会学者。著書に『行為と演技』『スティグマの社会学』など。

★59 **フレーム**　ある行為・発話を理解するための解釈の枠組みのこと。

★60 **儀礼的無関心**(civil inattention)　見知らぬ相手に対し、特段の好奇心がないことを示し、不要なこと

されていく。それによって、僕たちは他者に対して端的に無関心であるという態度をあからさまに押し出してはばからなくなりました。これもゴッフマンの概念だけど、「儀礼的無関心[★60]」が過剰化していく。

鷲田　かつて、僕はそれを「コミュニケーション圏[★61]」という用語で表現したことがあります。各人がそれぞれコミュニケーション圏をもっている。圏外の人とは言葉が通じないし、関心の対象にも入ってこない。

大澤　近代のある時期以降、属性のこまかいセグメント化[★62]が進行したし、それにともなってコミュニケーション圏はどんどん縮減しつつある。

鷲田　その結果、異なるコミュニケーション圏のあいだのディスコミュニケーションが目立つようになりました。

大澤　ディスコミュニケーションだったり、没コミュニケーションだったり。

鷲田　だからといって、圏内で親密なコミュニケーションがなされているのかといえば、そんなこともない。圏内でも空疎なコミュニケーションしかおこなわれていない可能性だってある。電車に七、八人の女子高校生たちが乗ってきて、きゃっきゃとはしゃいでいたんだけど、仲間がみな下車して残された一人の顔がふっと空虚な顔になった瞬間に遭遇したことがあるんですよ。あのとき、彼女の自我はエンプティ[★63]になっていたと思う。

に巻き込まれないよう無視する態度のこと。「市民的無関心」とも訳される。

★61 **コミュニケーション圏**
鷲田清一は『「自由」のすきま』（角川学芸出版、二〇一四年）のなかで、以下のように述べている。「あるCDが六百万枚売れていても他方にその曲も歌手の名も知らない人がそれ以上にいるという事実も、一つのコミュニケーション圏と別のコミュニケーション圏がまったく無関係に存在しているという、そういうコミュニケーション圏相互のディスコミュニケーションを表わしている」

★62 **セグメント化**
ある対象を何らかの基準に基づいて、複数の部分（segment）に分けること。

★63 **エンプティ**（empty）
なにも入っていない、からっぽの。

大澤　似た者同士で集まると同調圧力が異常に高まってしまって、自分の意見が抑圧されるのはよくあることですね。そんなとき、表面的に共感を演出する無内容のコミュニケーションだけが無限に連鎖していく。

鷲田　そんな奇妙なディスコミュニケーションがいたるところで起きています。他方で、「わからなさ」を大切にするアーティストや活動家が増えている印象も受けます。

大澤　というと？

鷲田　たとえば、ダンサーの砂連尾理★64さんは、以前はいかにもシャープなコンテンポラリーダンス★65をしていたんだけど、最近は舞鶴で認知症の人たちと、人の脇下に潜り込んだり、後ろから服をばっとかぶせたり、はたまた牛といっしょに寝たりと、人や生き物の身体空間にまぎれ込むような風変わりなダンスをしている。

大澤　まったくイメージできない……（笑）。

鷲田　とくに認知症の患者さんとだと、毎回、まっさらな状態でダンスができて、それがうれしいんだといっていました。意思疎通はできない。けれど、いっしょにダンスはできる。そのことを楽しんでいる。

大澤　「わからない」を前提とするがゆえに、そこから出発して協同作業ができる。けれど、多くの場合は、幸福なクリエイティビティには着地しないで、ただただ断

★64 **砂連尾理**（じゃれお・おさむ　一九六五〜　）振付家・ダンサー。近年は舞台だけでなく、障がいを持つ人や老人との共同制作やワークショップを手がけるなど、ジャンルを越境した活動を広くおこなっている。

★65 **コンテンポラリーダンス**（contemporary dance）現代舞踊。一九六〇年頃から広がりをみせた前衛的・実験的な舞踊を指すが、広く、モダンダンス以降の創作舞踊とする用法もある。

★66 **ポリティカル・コレクトネス**（political correctness）民族や宗教、性別などによる差別や偏見は是正すべきだとする考え方。一九八〇年代以降の米国で、こ

絶が深まっていく。

鷲田　ふつうはそうですね。

大澤　「わたしはあなたではないから、わからないんだけど……」というテンプレ的なエクスキューズが先に立ってしまって、それは個別には一見繊細で優しい感じがするんだけど、積み重なれば、ただの無関心や対話の遮断にしかならなくて、当事者の孤立が進む。先に進んだり関わったりしないわけだから。ポリティカル・コレクトネス★66や当事者主権★67が全面化した社会の負の側面でしょう。

鷲田　それをもうすこしひろくとると、相対主義をめぐる問題でもある。D・スペルベル★68が定式化した「異なる文化に属する人びとは異なる世界に住む」は、A・マッキンタイア★69がいうように前提として次の二つの側面が含まれています。ひとつは、私たちは自分自身の概念枠組のなかに住みこんでいるということ。もうひとつは、自分たち以外の人びとが抱く概念や信念を理解するには自分たちのそれへと「翻訳」するしか方法がないということ。これを総合すると、異文化間の相互理解は不可能であるということになってしまう。

大澤　認識の複数性を認めるはずの相対主義がかえって独我論★70に陥ってしまう。この問題をめぐって相対主義者と反相対主義者のあいだで論争が展開されました。学生たちのやり取りを横で見ていても、客観的には二人とも似た感覚の持ち主なのに、

の考え方に基づく運動が広がった。

★67 **当事者主権**
広く当事者一般に主導権・決定権を認める考え方を指す。

★68 **D・スペルベル**（Dan Sperber, 1942-）
フランスの文化人類学者、言語学者、認知科学者。著書に『人類学とはなにか』『表象は感染する』など。

★69 **A・マッキンタイア**（Alasdair Chalmers MacIntyre, 1929-）
スコットランド生まれの倫理学者、政治哲学者。コミュニタリアニズム（共同体主義）の立場をとる。著書に『美徳なき時代』『宗教言語の哲学的分析』など。

★70 **独我論**（solipsism）
実在するのは自我とその意識だけで、その他すべてのものは自己の意識のなかに存在しているにすぎないとする立場。唯我論。

会話がつづかないで、すぐにおわってしまう。相手の内情にまで踏み込んではいけないという自制が働くんでしょう。一定のところから先へは踏み込まないし、踏み込ませない。それが作法になっている。あらかじめ断念しているから、コミュニケーションがそもそもはじまらない。

鷲田　理解できないからそれ以上は関わりたくないというケースと、これ以上踏み込んだら自分が傷ついてしまうから、その前にコミュニケーションから撤退するというケース、その両方があるんでしょうね。

大澤　学生たちはよく「重い」という表現をします。彼氏から暴力をふるわれている話を聞いてしまうと、聞いた以上はなにかアクションを起こさないといけないという責任が生じる。そこまでいかなくても、なにかを背負い込むことになる。だからデリケートな部分は慎重に回避する。だけど、回避してばかりだと、コミュニケーションははじまりませんね。恋愛もおなじです。そりゃ重いですよ、つきあうんだから。ちょっと飛躍させると、教養や読書にもこれと似たところがある。

鷲田　対話を可能にするその前提となる対話、レヴィナス[★71]がいっていたような「対話のなかに参入させる対話[★72]」、語りかけとか呼びかけといった誘いや挑発自体が駆動しないのかもしれません。

大澤　そう、ゼロか一〇〇で行こうとするからはじめられないんです。三〇パーセ

★71　**レヴィナス**（Emmanuel Lévinas, 1906-95）リトアニア出身のフランスの哲学者。著書に『全体性と無限』『存在するとは別の仕方で　あるいは存在

ントでも四〇パーセントでも理解を前に出す。そうしないと対話ははじまりません。

5　タコツボ化と総合

大澤　最近、ケア方面の専門書をあれこれ読んでいるんですが、具体的な対話の技法に関する議論の蓄積におどろかされます。コミュニケーション術や雑談力のハウツー本を読むよりよっぽど役に立つ。

鷲田　そうそう。

大澤　たとえば、患者さんが「×××なんだよ」といった話に対して、「×××なんですね」とリフレクティブにオウム返しをする。

鷲田　「パッシング・ケア」★73という方法があるんですよ。認知症患者の妄想的な話に共犯的にのっかるのか、それともそれにのらずにやり過ごすのか。そのどちらを選択すべきかをめぐる論争もある。僕の知り合いの介護師の人がダジャレで「パッチング・ケア」といっていました。ひとつの理屈できれいにやりきれるものではないんだから、そのつどそのつど、あれやこれやの方法のパッチワークでやればいいし、そうするしかないんだというわけです。

大澤　現場とはそういうものですよね。そこで整合性を優先してもしかたない。た

することの彼方へ』など。

★72 **「対話のなかに参入させる対話」**　レヴィナス『外の主体』(合田正人訳、みすず書房、一九九七年刊)。

★73 **パッシング・ケア**　認知症患者の妄想的な話に対し、他者が相手のために「パッシング」する(やり過ごす)ケア行為。「呆けゆく」当事者に「呆け」と直面させることは残酷であると考え、「呆け」る様態を周囲の側から包み隠す。「パッシング」という用語について、ゴッフマンは「信頼を損なうような事情を隠すこと」と、自己が自らのためにする行為として用いているが、「パッシング・ケア」は、他者が相手のためにする行為を指す。

だ、その場合、だれでも上手くパッチワークできるわけじゃないですよね。センスやコツが問われる。

鷲田　そう、それ。それが大澤さんが提唱する「現場的教養」なんでしょう？「現場的教養」の時代」という時代認識はとてもおもしろいですよ。理論がそのままでは通用しないような場所こそが「現場」と呼ばれてきました。図書館や書斎、あるいは本のなかから教養が開放されて、ディスプレイスメントしつつある。そういう時代感覚が大澤さんのなかにあるのかな。

大澤　各方面で実践知がつよく要求される時代に、教養をどうやって着地させるかが問題になるでしょうからね。

鷲田　「臨床哲学」もまさに発想はおなじです。たとえば、哲学カフェで、手を挙げる人がだれもいない。さて、どう進行するかということが問題になる。だから、ときにはサブのモデレータ[★74]に参加してもらうなどの工夫も必要になる。話しやすくするために座席をどう配置するのか。そもそも、会場はどこにするか。どんな話のふりかたをするのか。そういう細々した部分で働くメチエ[★75]の集積が臨床哲学における教養だといってもいい。

大澤　そして、そうした現場のメチエはマニュアル化して伝承してもたいていうまく機能しませんね。状況に応じてアレンジしないといけない。それをやるにはマニ

★74　**モデレータ**(moderator)
司会者、仲介者。

★75　**メチエ**(métier)
経験によって培われたその分野に特有な技巧、技法。

ュアル外の知識と経験が必要になる。

鷲田　専門の介護福祉士と、在宅介護をしている家族の人、この両者のやっていることは地続きの関係にあります。でも、やっぱり専門的知識の度合にはちがいがある。そこはかなわない。けれど、場合によっては話を聞くのはうちのお母さんのほうがうまいということもありえますよね。つまり、プロとアマチュアの垣根が一義的なものではないことがあかるみに出つつある。そうしたときに、現場的教養というフレームは現状を捉えるのにちょうどいい。

大澤　かつての教養はトップダウン型でした。これを読め、あれを読め。そして、読むことがそのまま人格形成や人間的成長と連動していた。ビルドゥング[★76]に不可欠なものとして事前にメニュー化された状態で教養が位置づけられていた。それに対して、ここでいっている現場的教養は、ＯＪＴ（オン・ザ・ジョブ・トレーニング）[★77]的にそのつど臨機応変に対応していくなかで獲得されるメチエの集合体のようなものですね。その意味ではボトムアップ型。

鷲田　現場的教養は場数がものをいうでしょうね。

大澤　場数が増えるほど裾野がひろがって、そのぶん上に向かう力も高まる。そのときに考えないといけないのが「総合」のモメントでしょう。旧来型の教養は断片的な知識を総合するところに目標がありました。知識を総合させて人格を陶冶する。

★76 **ビルドゥング**（bildung）「教養」を意味するドイツ語。文化についての幅広い知識やそのことで培われた振る舞いを指す。ただし、ここでは形成、陶冶の意味で用いられている。

★77 **ＯＪＴ**（オン・ザ・ジョブ・トレーニング）実際に仕事をしながら技能を習得させる教育訓練。

かつての大学でも一般教養は個別の専門課程に入る前の準備段階として存在していて、そこで総合する力を養わせようとしていたわけですね。

鷲田　けれど、大学教育にかぎっていうと、「総合」は失敗の連続でした。かつて教養部が存在した時代にどんな講義がおこなわれていたかというと、何十年と研究してきた特定の専門分野の成果を薄めて解説するだけ。結局はタコツボ[★78]のままだった。状況をかえるために、「文理融合」や「総合科目」といったかたちで「総合」が導入されるんだけど、実態はリレー講義で、各先生が共通のテーマのもと一コマずつ担当して、それを足し合わせるというもの。

大澤　部分を加算していけばそれで総合になるというものではないですからね。

鷲田　だから、自分のなかで総合的知性が磨かれるという実感はもてない。ひとむかし前までは、それでも自分の専門分野以外に政治・経済の知見もきちんと深めつつ、文学も労働運動もやって、トータルに世界を俯瞰できる人がいました。そうした存在がお手本になったわけです。

大澤　モデルが存在したわけですね。それがいい意味での知的な抑圧になって、どうにか乗り越えてやろうというモチベーションが確保されていた。

鷲田　しかし、いまやそういう知のあり方はとことん不可能になりつつありますね。マルクス主義[★79]なり構造主義[★80]なりが最後のパノラミック[★81]な視点だった。

★78 **タコツボ**
丸山眞男が『日本の思想』（一九六一年）で提示した概念。日本の学問や文化、組織は相互の意思疎通が困難で、それぞれが孤立した蛸壺のようであるとし、これを「タコツボ文化」と称した。

★79 **マルクス主義**
カール・マルクスの『資本論』などに基づく思想・運動。人類の歴史を階級闘争の歴史と捉え、資本家（ブルジョアジー）が無産労働者（プロレタリア）を搾取する資本主義経済の体制として現代を見る。革命運動を組織し、共産主義の実現を目指した。

★80 **構造主義**（structuralisme）

大澤　その意味でもソ連崩壊は転機でした。

鷲田　一九八〇年代までの文化人類学の世界ではおもしろいことが続々と起こっていたんですよ。当時、民博（国立民族学博物館★82）にいた文化人類学者というと、麻薬の研究だったり麺類の研究であったり風呂の研究だったり、とんでもない研究をする人たちがいて、しかも学問上の作法も無手勝流。野獣ばっかりでした（笑）。横の関係けれど、専門が異なる研究者が一つの空間に集まるおもしろさがあった。が存在した。

大澤　文化人類学者たちの研究テーマはたいてい個別具体的なものです。特定の地域の特定の属性の人間たちの集団的生態を分析するような。そんな個別の分析から汎用性の高い理論があぶり出されてくる、そのダイナミズムが刺激的だったわけでしょう。さきほどちょっと出た相対主義をめぐる論争も文化人類学を中心になされました。ところが、日本では八〇年代半ばくらいからですかね、そうしたデカい話がだんだんおもしろいと思われなくなっていった。

鷲田　民博でも「私はインドネシアが専門なのでベトナムのことはちょっと……」といったかんじになってしまった。隣接領域にすら関心をもてない。「地域研究」（エリアスタディーズ）という名のタコツボ化が進んだんですね。

大澤　さきほどの学生の話とおなじです。他の分野に関心をもつことが「重い」と

フランスを中心に広がり、現代思想に大きなインパクトを与えた知の潮流。現象の表層部分ではなく、背後に隠れている不変的な構造を探究することで社会や文化を分析する。構造主義者として、人類学者のレヴィ＝ストロース（Claude Lévi-Strauss, 1908-2009）が筆頭に挙げられ、幅広い領域に影響力を持った。

★81 **パノラミック**（panoramic）全景の見える、概観的な。

★82 **民博**（国立民族学博物館）諸民族の資料を収集・保存し、文化人類学・民族学に関する調査研究を行う調査機関で、一九七四年に設立。大阪府吹田市の千里万博公園にある。

判断されて、あるいは「無駄」と早々に見切られて、無意識にシャットアウトする。それから、理論そのものを独立的に直接扱う人間が出てきて、それが総合の部分を代行してくれる。つまり、理論と現場が分離して、分業的に役割分担をするようになる。総合性への志向さえあれば、個別のことをやっていても、横と対話できるはずなんだけど、その部分が消えると対話の回路が見えなくなります。かつての総合性なり全体性なりをどうやってとりもどすかが現在の学問の喫緊の課題でしょうね。それは一見対極にある現場の問題とセットで考えないといけない。

鷲田　介護でも保育でも、原発でも難民でも差別でも、われわれが直面している問題の大半は答えが出ません。少なくとも一義的なソリューションはありえない。そこで、「問題」と「課題」をわけて考える必要があるんじゃないでしょうか。ここでいう問題は解決されるべきもののこと。なくなるのがいい。それに対して、課題はだれにも事態を解消することができない。決定的な解決策はない。もっとも基盤的な次元において解決の道筋がすぐには見えない、そんな難問を突きつけられている。けれど、取り組みつづけなければならない。その取り組み自体に意味がある。

大澤　現場的教養が取り組むべきはどちらかといえば「課題」のほうですね。

鷲田　原発にせよ株価の変化にせよ、かつては専門家がきちんと解を出してくれると信じられていました。ところが、原発はだれにもコントロールできないし、株価

★83 **文化相対主義**（cultural relativism）　文化的背景の異なる他者に対し、自分たちとは異なった存在であることを認め、文化の多様性を尊重し合おうとする立場。各文化はそれぞれ独自の価値を有しており、相互に優劣や善悪の関係にはないとする。

★84 **多文化主義**（multiculturalism）　社会の内部において、文化的背景が異なる集団がそれぞれの存在を

なんて実際にはギャンブルみたいなものだとわかってきた。つまり、これらは課題なんですよね。普遍的な理論も機能しない。パノラミックな教養のあり方の限界に人びとが気づきつつある。

大澤　そして、課題と課題は複雑に連鎖しあっていて、ナショナルな境界もすっかり超えてしまっている。

6　水平の深みとパララックス

大澤　学問の世界の話をもうすこし続けてみると、一九九〇年代には文化相対主義★83や多文化主義★84が台頭しました。マルクス主義をベースにしたグランドセオリー★85が不在となって、個別の専門領域に特化した解が追求されるようになる。人びとはおたがいに干渉しあわず、尊重しあう。全体性の喪失とひきかえに、評価すべき点もありました。それまで政治は、政党政治や国際政治のような領域に見出されてきたけれど、親子の関係であるとか、男女の関係であるとか、日常の会話であるとか、そういったミクロな領域にも政治が作用していることが意識されるようになった。

鷲田　マイクロポリティックス★86、差異の政治学★87ですね。

大澤　そうやって議論はどんどん繊細に精緻化していったんだけど、世界を俯瞰す

承認し、多様な人びとが対等な立場で共生する社会を目指す考え方。

★85 **グランドセオリー**（grand theory）
あらゆる領域に適応可能な一般理論。

★86 **マイクロポリティックス**（micro politics）
個人や小集団における政治的な権力の行使。個人間あるいは集団間の相違が認知された場合、お互いに影響を与えたり制御したりするが、意識しているかどうかにかかわらず、そのような相互のかかわりについても一定の状況で政治的な意味をもつものとされる。

★87 **差異の政治学**
文化に根差した差異を強調することで、支配的な潮流とは異なるアイデンティティを強調し、違いを認めさせたり、既存の認識からの解放を目指す営み。

る、さきほどの言葉でいえばパノラミックな視点が学問から失われて、全体性が喪失してしまった。明治時代の哲学者の西周[★88]が「エンサイクロペディア[★89]」に「百学連環」という訳語をあてました。諸学問の連環のマップをまず頭に入れておいて、それから個別の議論に入っていく。まさに一般教養のプロトタイプですよね。あれが失われる。そんな全体性なき状況下においてこそ教養はいかにして可能か。その可能性の一つが「現場的教養」と「対話的教養」の組み合わせです。それぞれの現場から立ち上がってきたメチエを対話のなかでつなぎ合わせていく。そういうネットワーク的な教養がありうるのではないか。

鷲田　個別のテーマを掘り下げていったさきに普遍的な地平へとつながるというおもしろさは、たしかに減りましたが、それでも文化人類学者と付き合っているといろいろとおもしろい。釜ヶ崎[★90]の調査にアボリジニ[★91]研究をしている人を連れて行ったんですよ。そしたら、初対面の人たちのなかに入っていくのがじつにうまい。抵抗なく入っていける。そこにはメチエがあるんですね。こういうのも現場的教養かもしれません。

大澤　あとは、それをどう習得可能にするかを考えたい。

鷲田　これまでの日本の「教養」を考えると、それはいわば垂直方向に設定させるものでした。高等遊民[★92]的な教養主義はいわば「高み」にのぼって世界を俯瞰的に眺

★88 **西周**(にし・あまね　一八二九〜九七)
啓蒙思想家、哲学者。著書に『致知啓蒙』『百一新論』など。

★89 **エンサイクロペディア／百学連環**
第3章で詳述。

★90 **釜ヶ崎**
大阪市西成区北東部、「あいりん地区」の旧称。大正中期頃から失業者・日雇労働者の滞留地となり、第二次大戦後、「ドヤ」と呼ばれる簡易宿泊所が集中し、スラム街を形成。一九六一年の釜ヶ崎騒動を契機に福祉政策が講じられ、六六年に「あいりん地区」に改称。

★91 **アボリジニ**(aborigine)
オーストラリア大陸の先住民。伝統的に狩猟採集生活を営んできた。一九六七年に市民権が与えられた。

めようとするものでしたし、逆に旧制高校のデカンショ[★93]的な教養主義はリアリティの全体を根源的に、つまり「深み」をめがけて掘り下げようとするものでした。哲学者たちによるこの「深さ」への志向は、究極の根底に遡ってそこから世界を究明しつくすという欲望によって駆られていたといえます。「高み」であれ「深み」であれ、いずれにせよ世俗的な世界の次元を垂直方向に超出しようというものだったわけです。

大澤　さきほど裾野をひろげることで上へ向かう力を確保するという教養モデルに言及しましたが、それとは逆のベクトル、下へ下へと向かう力を増強させることが横のひろがりへと転化するというモデルといってもよさそうですね。

鷲田　これに対置するかたちで考えてみたいのは「水平の深み」というものです。「水平の深み」というと日本語だと違和感がありますが、英語で「ホリゾンタル・デプス」だとわかりやすいんじゃないでしょうか。「デプス」には奥行きという意味もある。西洋の人は下へ降りていく深さばかりではなくて、水平にも深さを見ているんですね。その水平の深みは他者との対話のなかで現れてくる。

大澤　そこを遮断しないことがポイントです。対話のチャンネルをひらいておく。

鷲田　なるほどそんな発想もありかもしれないと気づくとか、この向こうにはまだなにかありそうだぞとおもしろがれるとか、それができる人は「水平の深み」を求

★92 **高等遊民**
高等教育を受けていながら、経済的な不自由がないため定職に就かず、読書などをして自由気ままに暮らしている人びと。明治期から昭和初期にかけて広く使われた。

★93 **デカンショ**
哲学者のデカルト、カント、ショーペンハウエルの略で、旧制高校生が読むべき学問的教養を言い表した隠語的表現。また、デカンショ節が旧制高校の学生のあいだで愛唱された。

めている。かつて教養は本を読むなかで涵養《かんよう》されました。読むなかで、こんな視点から社会を見る人がいたのか、死をそんなふうに捉えた人がいるのかと発見があったわけです。

大澤 読書も他者との対話である、と。

鷲田 それに対して、すでに知っていることを再確認するような読書はやっぱりつまらないですよ。

大澤 対話がないですからね。独我論的な内省だけがある。

鷲田 詩や思想書を読むなかで、自分とはまったく異なる感受性や思考に触れることによって、それまで自明だと思っていたことがぐらぐらゆさぶられる。自分の前提や基盤が不明になっていく。そういう経験が読書にはあります。

大澤 読む前と読んだ後とで自分の組織が再編される。その結果、周囲が異化★94されてそれまでとはちがって見える。

鷲田 だから、読書は他者と言葉を交わすことと地続きにある。かつて、図書館はしーんと静まりかえった場所でした。各自が黙って本を読んだり勉強したりしていた。ところがいまは、ワークショップやミーティングをおこなうブースが設置されているケースが少なくない。はじめて会った人と図書館で開催される哲学カフェで言葉を交わすことだってあるでしょうね。僕はあれをとても自然なことだと受けと

★94 **異化**
日常で自明なものとなった事柄が、見慣れない奇異なものに変化すること。劇作家のブレヒト(Bertolt Brecht, 1898-1956)が演劇理論として用いた言葉が一般化した。ロシア語でオストラネーニエ。

めています。なぜなら、本を読む行為はそもそも会ったこともない著者と対話をすることですから。

大澤　かつての黙考型の教養と、ここで提案している対話型の教養との差異が、図書館の新旧の変化に反映されているわけですね。

鷲田　たしかにそうですね。

大澤　さきほど学生たちの「重い」に言及しましたが、水平方向へと一歩踏み出すことについて、歓《よろこ》びよりも恐れが先行してしまっているのも気になります。

鷲田　自分がゆらぐのが怖いんでしょうね。過剰に防御的になっている。

大澤　変化をノイズとして処理してしまう。友だちと会話をしていても、すでにわかっていることだけを感覚的に共有しあう。それは自分の写し鏡と話をしているようなものです。そこには他者が不在です。ネット世界の構造的な傾向をあらわした用語に「エコーチェンバー」[★95]や「コクーン化」[★96]がありますが、まさにあれとおなじ。

鷲田　レヴィナスがいうように、他者はどんなかたちであっても「ある共通の実存に私と共に関与するもうひとりの私自身」ではありません。

大澤　まさにレヴィナスがいうその部分の「分離」があらゆる場面でできなくなっていて、読書もそうなりつつある。どこまで行っても等身大の「私」がのっぺりと広がる。だから、やせ我慢や背伸びをして、むずかしい本にチャレンジしようとい

★95 **エコーチェンバー**(echo chamber)
ネット空間において、同じ志向の者たちが交流し共感しあうことによって、特定の意見や思想が増幅し影響力をもつ現象。もともとは「反響室」という意味。

★96 **コクーン化**
繭(コクーン)のなかに閉じこもるように、みずから人とのつながりを拒否すること。誰とでも簡単にコミュニケーションをとることができる、というSNSの特性があるにもかかわらず、つながりを特定の人たちに限定し閉鎖的になる状態を指す。

うモチベーションがすっかり欠落している。「教養主義の没落[★97]」とは煎《せん》じ詰めるとそういうことです。

鷲田　教養がある人とは、たくさんの知識をもっている人という意味ではありません。そうではなくて、自分（たち）の存在を世界のなかに空間的にも時間的にもちゃんと位置づけられる人のことを指しています。つまり、自分を世界のなかにマッピングできるということ。そして、この世界を平面ではなくて立体で捉える。そのためには単眼で見ていてはダメです。奥行きがわかりませんから。立体的に見るためには複眼でなければならない。パララックス[★98]、つまり視差をもつ。いいかえると、ひとつの対象を複数の異なる角度から観察するということです。

大澤　テーゼとアンチテーゼをすぐにヘーゲル[★99]的に弁証法的総合へともっていくのではなくて、そのギャップをまず見つめる（とはいえ、『パララックス・ヴュー[★100]』のスラヴォイ・ジジェク[★101]なら、そのヘーゲルにこそパララックスを見出すわけですが）。課題はその視差をどうやれば増やすことができるかですね。

鷲田　そこで、自分とは異なるタイプの思想家なり作家なりの本を読むことが重要になります。著者との対話をとおしてこそ、思いもよらなかった補助線をいくつも引くことができるようになる。そうした補助線を獲得することをとりあえず教養と考えるといい。

★97 **「教養主義の没落」** 二〇〇三年に刊行された竹内洋『教養主義の没落』（中公新書）で示された現象。同書は、近代日本社会における教養主義の変遷を追い、日本の大学キャンパスにみられた教養主義が、一九七〇年前後に規範的な影響力を失っていくさまを描いた。

★98 **パララックス**（parallax） 視差。観察する位置の変化によって対象の位置がずれて見えること。

★99 **ヘーゲル**（G. W. Friedrich Hegel, 1770-1831） ドイツの哲学者。著書に『精神現象学』『法哲学』など。

★100 **『パララックス・ヴュー』**（原著 *The Parallax View*） 二〇〇六年刊。日本語訳は作品社より二〇一〇年に刊行。

★101 **スラヴォイ・ジジェク**

大澤　複眼的思考を身につけ、自分を世界のなかに位置づけ、対話をとおして補助線を多く獲得せよ。これはひとつの定義になりそうですね。

（Slavoj Žižek, 1949-）スロベニアの哲学者、精神分析学者。著書に『否定的なもののもとへの滞留』『イデオロギーの崇高な対象』など。

7　のっぺりした世界に歴史性を

大澤　現代の教養について考えるとき、メディアの変化がまず問題になります。インターネットが日常空間に浸透していますから、僕たちの歴史感覚がかつてのそれとはまったくちがうものに変化していることはまちがいない。僕はそれを「のっぺりした世界」と呼んでいます。いまは音楽にしても何にしても、ちょっといいなと思ったものがあると、ワンクリックでアクセスできてしまえる。レコメンド機能★102も発達しているので、それをたどっていくと同系の曲を網羅的に拾える。ただ、膨大なアーカイブやデータベースのなかからピンポイントで手に入るだけに、それがどういう経緯で生まれたものなのかを想像する瞬間がない。時系列がほとんど気にならないんですね。

鷲田　脱コンテクスト的に作品に入っていく。

大澤　そう。もちろん作品単体で純粋に享受できるのは悪いことばかりではありません。たまたま手にした曲や小説から先入観なくインスピレーションをうけた作り

★102 **レコメンド機能**　ユーザの行動履歴を元に、好みに合致した情報を提案する機能。ショッピングサイトの「あなたにおすすめ商品」が典型。

手から、ユニークな作品が誕生することだってある。よい意味での誤配ですね。けれど他方で、すでに手あかにまみれた紋切型を無自覚に反復してしまう危険性もある。

鷲田　脱コンテクストの負の側面ですね。

大澤　僕は一九七八年生まれで、ネットをつかうようになるのは大学入学前後でした。九〇年代後半のことです。だから本もCDも店頭で買いました。この店には新しめのしか置いてないから、古いのも置いてあるあっちの店に行ってみようとか、同じ棚にある他の作品もなんとなく見るとかしているうちに、ちょっとずつ知識が増えていって、自然と年表が頭のなかにできあがってくる。音楽だと、だれそれがいて、その影響でこれがあって、いまのこの曲があるんだよなという時系列的な系譜の知識が徐々に埋められていく。同時代の空間的なポジションもわかるようになっていく。まさにマッピングですね。小説についてもおなじです。

鷲田　そのとおりですね。

大澤　新たになにかを生み出すときには、鷲田さんがさきほどおっしゃったような補助線を引いてやる必要がある。けれど、補助線を引くには前提となる基盤が必要です。だから、僕としてはその基盤となる「史」の部分を社会に確保しておきたい。ここは古いタイプの教養が活きてくるところです。歴史の有効性がわかれば、おのずと教養主義的なモードは再起動するんじゃないでしょうか。あれも読まないといけない、これも聴かなきゃいけないとなりますから。

鷲田 その意味では、むかしもいまも教養のポイントは自分でコンテクストを編むことにあるのかもしれません。僕たちは歴史的な存在です。コンテクストのなかにいる。ところが、そのコンテクストはすぐには見えない。自分なりにマッピングするということは、とりもなおさず、なぜ自分がこういう存在なのかを知るということですね。たとえば、哲学は自分がどこから語りだそうとしているのかを執拗に問う学問です。なにかへの問いかけは、問いそれ自体への問いを自己言及的に含んでいなければならない。どこまでもメタレヴェルを含んでいるんですね。自分のメンタリティのバックグラウンドがわかると自己変革のきっかけにもなる。

大澤 あくなき自己言及と自己批判こそが現代哲学の基本的な態勢ですね。なにかについて語ると同時に、その語ることの意味も語る。「諸学の女王」とされる哲学にかぎらず、あらゆる学問が本来そうあるべきでしょう。それはひろく教養の基本にほかなりません。そして、ものごとを変えるときには地図が必要です。相対化できないことには変えられない。

鷲田 歴史的なコンテクストを知っていれば、おもしろいと思った本もじつは歴史的にはそれほどでもないとわかるかもしれない。コンテクストを自分なりに編みなおしつづけていく営為が、これからの教養にとって重要になってくると思う。自分の関心から「××史」という補助線を増やして編みなおしていく。

大澤　受験の日本史や世界史に「テーマ史」がありますが、まさにあれ。「貨幣史」とか「仏教史」とか独自のヨコ割りの観点から歴史をトリミングしていく。現場的教養や対話的教養はそうした文脈生成力にかかっています。

鷲田　リベラル・アーツ[★103]じゃないけれど、教養とはまさに自由になるための術です。自由というと、自分をさまざまに絡めとってくる制度から解き放たれるようなイメージがありますが、僕は自由とはむしろ自分が生きていく上でのコンテクストを自ら編んでいけることだと思います。

大澤　消極的自由（〜からの自由）ではなくて、積極的自由[★104]（〜への自由）ですね。八〇年代に文学研究ではフランス経由のテクスト論が流行りました。縦糸と横糸にいろいろな色の糸がモザイク状に織り込まれることで、ある模様をなす布（テクスト）ができあがるように、書かれたもの（テクスト）も先行するさまざまな言葉がそこに流れ込んでいると見るわけです。しかも、先行するテクストもさらに先行するテクストたちの組み合わせからなる。それを解読する主導権は作者ではなく読者の側にある。読者も主体的に参入するわけですね。まさに僕たちも日常生活のなかでこれとおなじことをやっているし、教養を考えるにあたって、いまこそそのモデ

★103　**リベラル・アーツ**（liberal arts）　実用的な目的から離れた教養のこと。職業に直接かかわらない学問や芸術。また、大学における一般教養、教養課程。詳細は第3章の議論を参照のこと。

★104　**消極的自由と積極的自由**　個人がその欲求の実現を、他者からの干渉・強制により妨害されない状態が、消極的自由。一方、積極的自由は、自らの行為が、自己の意志や決定に基づいてなされる状態を指す。政治哲学者のアイザイア・バーリン（Isaiah Berlin, 1909-

ルが意味をもつのかもしれません。一本横糸を入れたり、みずからの存在によって織り方を変えたりしていく。関係性のマネジメントとアレンジメント。

鷲田　世界は不確定要因に満ちた重層的なもので、だから一つの視点から透視することも、制御することも、できない。そういう地点から再出発する必要があると思います。

大澤　「大きな物語★105」の失効が宣告されて以降、あらゆるものの自明性が保証されなくなったわけですが、この一〇年、とりわけ震災以降に、いろんな局面でそれが可視化されました。当事者という感覚を意識する場面も増えた。

鷲田　盤石だと思っていたシステムが、簡単にぐじゃぐじゃになりうるんだとわかった。だから、家族から地域、職場、場合によっては政治まで、ナショナルあるいはグローバルなシステムの制御不能な駆動に翻弄されるままではなくて、あらゆるレベルのコミュニティのサイズを見なおす時期にきているんじゃないでしょうか。つまり、自分たちで一定程度制御可能な仕組みへと編みなおす。

大澤　見渡せたり想像できたりする範囲に設定しなおす。

鷲田　そうしないと、地球規模でぶわーっとひろがりつづける巨大な濁流に呑み込まれてしまう。

大澤　グローバルネットワーク化が進むなかであらゆるシステムが接続しすぎたか

97）が提唱。

★105 **大きな物語**
ある社会の中で大多数の人が自明なものとして想定している価値観や信念の体系。フランスの哲学者ジャン＝フランソワ・リオタール（Jean-François Lyotard, 1924-98）は、想定の共有範囲が縮小するポストモダンへの流れを「大きな物語の終焉」と呼んだ。

ら、あらためて自分たちの手元に引き戻そう、というわけですね。

鷲田　そう。これをするならあの人と組んだほうがいいとか、頼りになる人を友だちに紹介してもらうとか、そうしたネットワークを自分で編むことが大切になってくる。自分たちである程度はコントロールできる集団のなかで生きていく。

大澤　家族ひとつ取ってみても、2LDKの集合住宅にお父さん、お母さん、僕、妹の四人暮らしという、戦後日本の家族モデルもライフスタイルとあわなくなってきているのは明らかです。離婚率もあがっているわけだから[★106]。たとえば、こういうフォーマットも状況に応じて自由に編みかえていく。

鷲田　グループ家族とかね。

大澤　地域のなかで無理なく子育てできるようにする。そうした人間関係のレベルを外にひろげていくと、場合によっては、地方分権化[★107]のさきに道州制[★108]の構想も見えてくる。

鷲田　江戸時代の藩ぐらいのサイズに戻したほうがいいのかもしれない。たとえば、生活の最低限のレベルは地産地消でやれるようにする。

大澤　コミュニティデザイナーの山崎亮[★109]さんは人口も税収も減少するなか、「縮小」ではなく「縮充[★110]」に向かうための方策をみんなで考えようといっていますね。スケールを調整してやるだけで、政治のかたちもライフスタイルも変わるはずです。

★106 **離婚率もあがっている**　厚生労働省が公表している「平成二八年（二〇一六）人口動態統計（確定数）の概況」によれば、二〇一六年の離婚率は一・七三（／一〇〇〇人）。最大値である〇二年の二・三〇（／一〇〇〇人）と比べれば低下している。ただし、これはあくまで短期的な変化であって、離婚率の長期的な傾向を辿ってみると、一九七〇年ごろから上昇をはじめており、一九八三年には一・五一（／一〇〇〇人）を記録した。その後は低下していくものの、一九九〇年の一・二八（／一〇〇〇人）で底を打ち、再び上昇へと向かい、二〇〇二年には最高値を記録する。つまり、現在の離婚率は九〇年以前の最大値である八三年よりも高く、上昇傾向にあった九〇年代の水準にある。

★107 **地方分権化**

鷲田　都心へ一時間も二時間もかけて通勤するなんて状況も劇的に変わります。かつては子育ても介護もしながら、なりわいを営んでいられたのは「職」と「住」が接近していたからですね。

大澤　ネットが普及したことで、いくらでもつながることができるようになりました。接続過剰や拡大過剰になっているからこそ逆に、僕と同世代の千葉雅也★111さんがいうように「切断」のモメントが重要になる。接続の上限を再設定する。それは僕の関心でいえば「程度」問題です。その「ほどほど」を判断する能力や常識こそが教養なのだといってみてもいい。

鷲田　これ以上行けば危ないという感覚ですね。

大澤　さきほどいったようにすべてが「ゼロか一〇〇」になってしまっている。けれど、世界はそんな単純にはできていなくて、微細な無限のグラデーションがあります。それをここでは「現場」といっている。

鷲田　そうした現場的教養を軸にすれば、読書を中心とした旧来の教養ももっと多元化していくでしょうね。

大澤　その可能性を探るためにも、いちど旧来の教養観をしっかりふりかえりつつ、時間をかけて確実にバージョンアップさせていかないといけない。新しい教養というとすぐに、プログラミング言語を使えるようになるとか、エクセルを使えるよう

政策決定権と財源に関し、中央政府に集中させず、地方自治体へと移すこと。

★108 **道州制**　都道府県単位による現在の行政区分を再編し、複数の都道府県を統合することで広域の行政体を形成する制度。

★109 **山崎亮**（やまざき・りょう　一九七三～　）コミュニティデザイナー。著書に『コミュニティデザインの時代』『まちの幸福論』など。

★110 **縮充**　山崎亮が『縮充する日本』（ＰＨＰ新書、二〇一六年）で用いている概念。

★111 **千葉雅也**（ちば・まさや　一九七八～　）哲学者。著書に『動きすぎてはいけない』『勉強の哲学』など。

になるとか、プレゼンが上手《うま》くなるとか、ITやビジネスにつなげがちですが、まったくそういう話じゃない。

8　アートの新しい活用法

大澤　くりかえしておくと、かつて教養の中心には読書がありました。ところが、いまやテレビをはじめ、ネットやアニメ、ゲーム、漫画など、本以外のメディアとコンテンツが膨大に存在し、本はそのなかの選択肢の一つになりさがってしまった。特権的位地に立てなくなった。こういう状況を前提にした教養は、情報摂取のチャンネルがかぎられていた時代の教養とはぜんぜん位置価がちがってくると思う。にもかかわらず、やっぱり読書が中心でなければならないと強調する教養論を展開するのか。それとも、新しいメディアから立ち現れてくる新時代の教養をきっちり構築していくのか。

鷲田　今回のキーワードになっている「現場的教養」をベースに教育をおこなっていれば、いやでも本に手を出すことになると僕は思っています。ほかのメディアとちがって、本は時間がかかるんですよ。さきほどもいったように、簡単には答えが出ない問題ばかりのこの社会では、問題設定そのものをたえず更新していくことが求められます。答えは複数かもしれないし、そもそも答えがないのかもしれない、そんな不確定的な状況で考えつづけるのは大変なことです。無呼吸の潜水状態がつづく。複雑性の増大に耐えうる肺活量というか「こらえ性」がないと無理でしょう。

大澤 なるほど、こらえ性ですか。

鷲田 このこらえ性を鍛え上げるには、本というメディアが最適なんです。ドストエフスキー★112の『カラマーゾフの兄弟★113』なんて、読みおわって感想をもてるようになるまで、ひと月ほどかかる。

大澤 たしかに（笑）。とすると、新たな現場的教養の前提として、古い教養主義的な要素を活用していくという二段構えですね。

鷲田 そこで、普遍的なメソッドにできるのがアートだと思います。現代社会では、ほとんどすべての活動に目標が設定されている。国家にしても企業にしても、中期計画と年次計画を立てて、その実現のためになにをすべきかを決定して、年度末や節目にはその評価をする。ところが、アートにはそうした目標がないんですよ。作曲家にしても絵描きにしても、あらかじめゴールが見えているわけではない。むしろそういう青写真を事前に決められるのをきらうのがアーティストです。とにかくわくわくすることをやりたい。その「わくわく」のイメージがおたがいにちがっているから、アイデアを出しあって、ああでもないこうでもないと議論をしながらか

★112 **ドストエフスキー**（Фёдор Михайлович Достоéвский, 1821-81）
ロシアの小説家。代表作に『地下室の手記』『罪と罰』など。

★113 **『カラマーゾフの兄弟』**（原著 *Братья Карамазовы*）
一八七九〜八〇年にかけて執筆された、ドストエフスキー最大の長編小説。

たちにしていく。そして、最後に「これだ！」というものができる。これって、多文化共生社会そのものじゃないですか。価値観を共有しないままでもみんなでいっしょにやれるのがアートなんですよね。

大澤　アートでも音楽でも演劇でも、天才型でちょっとかわっていて、ひとり閉じこもって作業に没頭するというイメージがあるんだけど、その方面を専攻する学生たちを見ていると、実際にはむしろコミュニケーション能力が周囲よりも高くて、グループワークが上手いんですよね。もともとの性格もあるだろうけど、日々の活動のなかで培（つちか）われている部分も大きい。ようするにそういう機会が多い。

鷲田　北川フラムさんが「美術は唯一、人とちがうことが褒められる」といっていましたが、アートの世界では一人ひとりがちがっていて当たり前なんですね。出自がばらばらの人たちを抱える地域コミュニティをどう運営するかいっしょに考えていきましょうというセンスを育てるときにアートは使える。

大澤　ある種の芸大の社会的意義を見直すことにもなりますね。

鷲田　それから、アートはなにより「ドゥ・イット・ユアセルフ★116」が基本ですね。あり合わせのものを活用して手作りでやる。ここ（京都市立芸大）の学生たちも、舞台をつくるお金がないから、廃材や自分たちで切った木を使ったりして、文字どおりゼロから素手で作りあげていく。まるで台所仕事

★114　多文化共生社会
文化的背景の異なる人びとが相互に承認し合い、共存が可能となった社会。

★115　北川フラム（きたがわ・ふらむ　一九四六〜
アートディレクター。著書に『大地の芸術祭』『ひらく美術』など。

★116　ドゥ・イット・ユアセルフ
(Do It Yourself)
すべてのことを自分たちでやろうとする態度。DIYと略される。

のように、ありあわせのものでやりくりする。これからの縮小社会にぴったりだと思いませんか。素手でやっていくということ、そして価値観の共有を前提にしないで生活のコンテクストを編んでいく能力。これからの社会にとってもっとも大切な能力でしょう。

大澤　「リベラルアーツ」というときの「アーツ」は「技法」でもあるわけですからね。

鷲田　そう、技術なんですよ。テクニック。

大澤　企業の研修なんかにも応用できそうですね。

鷲田　学生たちが定期的に自主制作展を開くんですが、作品をつくるだけじゃなくて、寄付を募ってチラシを作ったり、受付をしたり、打ち上げの準備をしたりといった業務が必要になる。集団のなかで自分はどんな役割をつとめればいいのか、そのつど自分で考えないといけないわけですね。現場的教養を身につけるうえで、そうした経験はちょうどいいトレーニングになる。

大澤　鷲田さんが『「待つ」ということ』★117やいくつかの本でよく例に出されるように、近代産業社会で重視されたのは、「プロジェクト」であり、「プロフィット（利益）」であり、「プログレス（前進）」であり、「プロダクション（生産）」であって、いずれも「前に」「あらかじめ」という意味の接頭辞「プロ（pro-）」がついている。

★117　『「待つ」ということ』鷲田清一著、角川学芸出版、二〇〇六年刊。

さきほどの年次計画もそうですが、未来のあるべき状態を前提にして、そこから逆算していまの行動が決定される。総じて近代社会は必死に前のめりの姿勢でがむしゃらにがんばってきた。近代の立身出世モードを下地に出発した教養主義もどこかこれと相即していたと思う。人格形成という将来の目標があって、そこにたどり着くまでのプロセスが体系立っていた。けれど、もはや以前ほどの経済成長は見込めず、コミュニティのサイズも適正規模に修正しないとやっていけない時代。前傾姿勢で走りつづけるあり方に限界がきている。そのときどきの関係性のネットワークのなかで、「いま・ここ」をどう組みなおすかを判断していかないといけない。ゴールが流動化した時代には、教養も別のモデルを用意しないといけない。さらにそのとき、「わくわく」がそこにあるといい。

鷲田　そう。たのしい、おもしろいということは重要ですね。

大澤　そのたのしさをどう設計するのかにリソースを割く。もちろんたのしいばかりじゃなくて、「こらえ性」を鍛えるような古い教養メソッドとの組み合わせが重要。そのとき、どういうチャンネルを用意できるかですよね。

鷲田　知り合いに私塾をやっている人がけっこういるんです。じつは僕も二年ほど私塾をしていたことがある。入塾の条件は、一年以上学校に行かなかった経験があるというもの。授業料は取らない。一般に公募することもしない。僕のほうからナンパしに行った（笑）。生き延びるためのテクネー★118（技術）、それがここでの「教養」です。だから最初は自己紹介ではなく、メンバー同士がインタビューしあって他己紹介をすることからはじめました。食べ物も持ち寄って。

大澤　東浩紀さんが運営しているゲンロンカフェ★119やゲンロンスクール★120もまさにそうした実践のひとつですね。

鷲田　それこそ「生存の技法」とでもいいますか……。

大澤　僕は何度も登壇していますが、あそこには大学生や二〇代前半の社会人から会社をリタイアされた方までじつに幅広い層のお客さんが来ます。哲学や思想のイベントに理系出身の人が多く参加していたり、トークのテーマを問わず知的なものとの偶然の出会いを求めてあの場に行くという人がいたり。

鷲田　たとえ、いっていることはほとんど理解できなくても、なにかすごそうだと感じられる、そういうものに触れられるように場を開いていく。それが大事なことですね。

大澤　よく探せば意外といろいろなところに知的なチャンネルは転がっている。フンボルト型大学の特徴のひとつにゼミナール・システムの導入がありますね。固定的な知識を講義形式で一方向的にインストールさせるのではなくて、教師と学生の双方向的な対話のなかから生成変化する知識に重点を移行する。それはつまり、い

★118 **テクネー**（techne）
内在する原理を正しく理解したうえで何かをする、あるいは作る能力。アートの語源にもなっている。

★119 **ゲンロンカフェ**
株式会社ゲンロンが運営するイベントスペース。思想家東浩紀が代表取締役。二〇一三年に開店。

★120 **ゲンロンスクール**
株式会社ゲンロンが運営する各種講座。二〇一八年現在、「新芸術校」「批評再生塾」「SF創作講座」「ひらめき☆マンガ教室」などが開講されている。

かに知るか、そのための方法を教えるということでもある。ちょっと強引ですが、もともと対話的教養による現場的教養の涵養がフンボルト理念にはあった。こうした部分をいま大学が見直しているわけです。

鷲田 ゼミナールの語源はラテン語のセーメン（semen）です。ドイツ語だと（Samen）、つまり「種子」。ゼミナールとはもともと「種が撒《ま》かれる場所」、要は教師も学生もそれぞれに弾ける場所なんですね。だから教室にかぎらず、図書館でも、どこでもいい。そうした場を少しずつでも増やしていく。

大澤 学校以外の学びの場が増えるともっといい。いまの大学はいたれりつくせりの設計ですが、若い人が外に目をむけることがあってもいい。いくつもチャンネルを使う。

鷲田 そうそう。

大澤 哲学や教養は大学という機関にだけ囲われている必要はない。

鷲田 そのためにも「存在理由」を問いかえしていく。

大澤 ところで、さきほどの「プロ（pro-）」の話もそうですが、鷲田さんの本には、おなじ引用やエピソードがそれぞれの本の文脈にあわせてかたちをかえながら何度も出てきますね。たとえば、村上龍★121の小説『ラブ&ポップ★122』で女子高生の主人公がアンネの日記のドキュメンタリを見て、心がぐしゃぐしゃになったけど次の日には

★121 **村上龍**（むらかみ・りゅう　一九五二〜　）

なにもなかったかのようにつるんとしている、と吐露する印象的な場面があるんですが、あれもそう。本によって別々の文脈なのにきれいにパッチワークされて効果的に使われる。

鷲田　あれはよく使うんです。

大澤　パスカル[★123]やメルロ＝ポンティ[★124]も、何度も引いてらっしゃるけど、そのつど角度や補助線がちがう。鷲田さん自身が何度も嚙みなおしているかんじがありますね。

鷲田　古典ってそういうものだろうね。以前読んだときとは自分が変化しているから、必ず読み方も変わってくる。

大澤　読書論の定番のアドバイスに、よい本や気に入った本は折に触れてくりかえし読みなさいというのがありますが、そのとおりですよね。どう使えるかわからない古典を何度も読むことは、一見すると遠回りのようでいて、じつはもっとも有効だということがわかる。

鷲田　アートにしても本にしても、いい作品は残像を残しますね。

大澤　残像。いいキーワードですね。

鷲田　作品と出会う機会はかなりかぎられているんですよ。展覧会の会期がおわって、外されてしまったら、もう所有者しか見られない。だけど、ぜんぜん関係のない場所を歩いているときに、ふと浮かんできたりする。

小説家。代表作に『コインロッカー・ベイビーズ』『愛と幻想のファシズム』など。

★122 **『ラブ&ポップ――トパーズⅡ』**
村上龍著、幻冬舎、一九九六年刊。

★123 **パスカル**（Blaise Pascal, 1623-62）
フランスの科学者、宗教家、思想家。著書に『プロヴァンシアル』『パンセ』など。

★124 **メルロ＝ポンティ**（Maurice Merleau-Ponty, 1908-61）
フランスの哲学者。主著に『知覚の現象学』『シーニュ』など。

大澤　小林秀雄はその残像を大事にしますね。道頓堀をうろついていると突然、モーツァルトの交響曲が頭のなかで鳴り響いてガツンとやられる。★125

鷲田　残像が残ったものは十年後でもまた見たり読んだりしたくなりますね。さきにも触れたキェルケゴールの『死にいたる病』の冒頭、あの有名なフレーズ「自己とは単なる関係ではなしに、関係が関係それ自身に関係するというそのことである」が大学時代は本当にわからなかったんです。その残像がずっとありつづけています。

大澤　「わからない」からこそですね。だから、わからないものを積極的に排除するのはもったいない。いったん受けとめておく。

鷲田　大人がすべきことは、本を読みながら格闘している姿、迷っている姿、ためらっている姿を子どもの前で隠さず見せることだと思うんですよ。子どもは理窟が通っているから信頼するわけではない。むしろ、大人だってこんなに迷うんだというほうが信用してくれるんですよ。それをきれいにチャート化して、説明できる必要はないんです。

大澤　情報過多のこの時代に欠けているのは、そうした人間的な感染による読書なり学習なりなのかもしれません。

★125　道頓堀をうろついていると突然……　小林秀雄は「モオツアルト」（一九四六年）のなかで次のように述べている。「或る冬の夜、大阪の道頓堀をうろついていた時、突然、このト短調シンフォニイの有名なテエマが頭の中で鳴ったのである」。

第2章 【歴史編】日本型教養主義の来歴

竹内洋×大澤聡

竹内洋（たけうち・よう）
1942年生まれ。京都大学大学院教育学研究科博士課程単位取得満期退学。現在、関西大学東京センター長。関西大学名誉教授、京都大学名誉教授。歴史社会学・教育社会学を専攻。主な著書に『日本のメリトクラシー』（東京大学出版会）、『革新幻想の戦後史』（中央公論新社）、『学歴貴族の栄光と挫折』（講談社学術文庫）、『教養主義の没落』（中公新書）など。

竹内洋さんの『教養主義の没落』は教養論のパラダイムを変えた。それまで教養研究が存在しなかったわけではないし、なにより竹内さん自身、70年代のおわりから「学歴」や「受験」や「出世」といったテーマの著作を刊行してこられた。では、なぜ2003年に出たこの本がヒットしたのかといえば、だれもがリアルタイムで漠然と感じていた「知の下方修正」現象にぴったりはまるタイトルを宣告的に貼りつけたからなのだろう。

竹内さんの仕事の魅力は、徹底した資料渉猟（巻末の参考文献リストは網羅的だ）、そしてその資料を教育社会学の理論と接続させる手捌きの鮮やかさにある。歴史研究がそのまま現代批評にもなりうることを示すお手本のような筆致だ。商売っ気というか「遊び」の要素が本のなかに必ず含まれていることも見逃せない。ビジネスパーソンにリーチするゆえんだ。テーマ設定の妙がある。それが可能となるのは、アカデミズムの方角だけを見ているわけではないから。第2章は、竹内さんとこの国の教養主義の系譜なり履歴なりをめぐって、あちこち時代を飛びながら進んでいく。経済状況と教養ブームの相関もひとつのポイントとなるだろう。

竹内さんとはじめてお会いしたのは、2010年にとある研究グループにお招きいただいたときだ。わたしが20代のころに書いた論文まで読んでくださっていて、たいそう恐縮した。どこの馬の骨ともわからぬ若手の仕事までカバーするアンテナの広さに衝撃を受けたし、なにより資料派教養主義の片鱗を垣間見る思いがしたのだ。対談収録の場所は関西大学。

（大澤 聡）

1　教養主義の起源をめぐって

大澤　教養を話題にするとき、歴史的な方面を専門にしている竹内さんや僕は、まっさきに「大正教養主義」[★1]について考えてみたくなりますね。

竹内　「大正教養主義」というワードを世間に流布させたのは唐木順三[★2]ですね。『現代史への試み』[★3]に所収されている「型と個性と実存――現代史への試み」でした。そのもとになったのは、『展望』一九四八年三月号に寄稿した論考「型の喪失」です。亀井勝一郎[★4]も同時期に「教養派」という節を立て、「大正的教養」とか「大正的教養人」[★5]といっています。

大澤　いまおっしゃった『展望』[★6]は筑摩書房の伝説の雑誌ですね。唐木が臼井吉見らといっしょに編集していました。初期には戦前の教養をふりかえる記事も多い。敗戦直後の創刊号には、三木清[★7]の遺稿「親鸞」[★8]も載りました。

竹内　それでいうと、筑摩書房は教養メディア的な出版社なんじゃないでしょうか。今回の大澤さんの本がそこから出るのも必然性があるのかもしれませんね。

大澤　教養主義的なイメージがつよい岩波書店[★9]と、修養主義[★10]的なイメージがつよい講談社[★11]。戦前にはこの二大出版社が出版文化のレンジをひろげていました。戦前は

★1　**大正教養主義**
第1章、註52を参照。

★2　**唐木順三**（からき・じゅんぞう　一九〇四〜八〇）
評論家、哲学者。一九四〇年、同郷の古田晁、臼井吉見と筑摩書房を設立する。著書に『中世の文学』『無常』など。

★3　**『現代史への試み』**
唐木順三著、筑摩書房、一九四九年刊。

★4　**亀井勝一郎**（かめい・かついちろう　一九〇七〜六六）
文芸評論家。著書に『転形期の文学』『大和古寺風物誌』など。

★5　**大正的教養／大正的教養人**
亀井勝一郎「現代人の研究」（『風雪』一九四九年八月号）における議論。同論はのちに『現代人の研究』（六興出版社、一九五〇年）に収録。

大宅壮一[★12]や戸坂潤[★13]あたりによって、戦後は蔵原惟人[★14]あたりによって「岩波文化vs.講談社文化」と図式化されることにもなります。いまふうにいえば、岩波がハイカルチャー、講談社はポピュラーカルチャーをそれぞれ代表していた。戦後になってそれらをハイブリッドさせた独特なポジションから出てきたのが筑摩書房だったといってみてもいいのかもしれません。

竹内 『展望』はリアルタイムで読みました。

大澤 あぁ、そうか。第二期が一九六四年に再出発するから、まさに竹内さんの青年期にあたるわけですね。

竹内 論考のほとんどがいわゆる政論から距離をおいたもので、時事問題をそのまま取りあげるということはあまりなかった。文化主義的なメディアでしたね。その意味では、教養主義的な総合雑誌[★15]だった。めずらしい雑誌ですよね。ファンも多かったと思う。大澤さんの整理をさらにふまえると、かつては「岩波的教養主義」と「筑摩的教養主義」の二系統があった。

大澤 性格としては、哲学よりの「岩波的教養主義」と、歴史よりの「筑摩的教養主義」でしょうかね。

竹内 いわば、文化史的教養ね。

大澤 そう、文化史的。その後者の象徴は「ちくま学芸文庫[★16]」かな。他方、「学

★6 **『展望』** 筑摩書房より刊行された月刊総合雑誌。一九四六年一月に創刊。五一年九月号で休刊。

★7 **三木清**（みき・きよし 一八九七〜一九四五） 哲学者。著書に『パスカルに於ける人間の研究』『人生論ノート』など。

★8 **「親鸞」** 三木清の遺稿。死後、疎開先の埼玉に残されていたものが戦後になって発見され、唐木順三が『展望』創刊号（一九四六年一月号）に掲載した。

★9 **岩波書店** 一九一三年、岩波茂雄（後出）が東京市神田区南神保町に古書店を開業。同年一二月に蘆野敬三郎『宇宙之進化』を、翌一四年に夏目漱石『こゝろ』を刊行し、出版業に進出。一九二七年に「岩波文庫」を、三八年に「岩波新書」を創刊。

芸」のつかない「ちくま文庫[17]」でエンタメ方面もしっかりとカバーする。筑摩書房は一九九〇年代には『頓智《とんち》[18]』なんて雑誌も出していた。

竹内　ありましたね。

大澤　こう見てくると、一九八〇年代に筑摩的教養主義をアップデートさせた松田哲夫[19]の功績はやっぱり無視できません。さて、岩波的教養主義に話を戻して、教養主義そのものの源流をどこに見るかというあたりから検討していきましょうか。

竹内　それでいうと、旧制高校[20]のパターンセッター（＝先導役）だった第一高等学校[21]の学生文化に、知的若者層の変化が凝縮されていたと思う。

大澤　やはり教養主義の醸成場は一高ですよね。

竹内　明治期の第一高等学校って、かなりマッチョな文化だったでしょう。

大澤　ほとんど体育会系ですよね。質実剛健やバンカラが世間のイメージ。

竹内　「勤倹尚武《きんけんしょうぶ》[22]」なんてスローガンも掲げられていました。「勤倹」は勤勉かつ質素ですね。「尚武」は武勇を尊ぶこと。

大澤　弊衣破帽《へいいはぼう》が誇りですらある。

竹内　平手で殴る鉄拳制裁など当たり前でした。まさに体育会系でしょう。武士的エートスの支配といえます。

大澤　さらに加えるなら、国家主義ですね。天下国家の問題へと関心がむかってい

★10 **修養主義**　学問に励み、人格形成に努めることに価値を置く考え方、生き方。明治期の修養主義には実学志向が強く、立身出世をよしとする傾向があった。

★11 **講談社**　一九〇九年、野間清治により創立された大日本雄弁会がその前身。一一年に講談社となるも、二五年に大日本雄弁会講談社と改称。五八年、株式会社講談社となり、今日に至る。

★12 **大宅壮一**（おおや・そういち　一九〇〇〜七〇）評論家、ジャーナリスト。著書に『無思想人宣言』『炎は流れる』など。

★13 **戸坂潤**（とさか・じゅん　一九〇〇〜四五）哲学者、評論家。著書に『日本イデオロギー論』『世界の一環としての日本』など。

る。つまり、旧制高校もはじめから教養主義的だったわけではまったくない。

竹内　そうなんです。当時の『校友会雑誌』[★23]なんかを繙《ひもと》くと、「元気」という単語が頻出します。「元気」は明治時代のキーワードでした。そのためには「運動を措《お》いて他に方なし」というわけです。

大澤　完全に運動部がヘゲモニー[★24]を掌握していた。

竹内　ところが、『三太郎の日記』[★25]の著者である阿部次郎[★26]が入学した一九〇一年ごろから文芸部を中心にした勢力がせり出してくる。

大澤　そのへんがターニング・ポイントでしょうね。デカルト、カント、ショーペンハウアーを読むなんていうステレオタイプが確立されていく。

竹内　阿部次郎の同級生に岩波茂雄[★27]、一つ下に安倍能成[★28]がいました。そのあたりの世代が『校友会雑誌』に、哲学青年や文学青年こそがあるべき理想の姿なんだということを堂々と書きはじめた。さしあたってそれが出発点といえるでしょうね。ただ、魚住折蘆[★29]や和辻哲郎[★30]も出てくるんだけど、彼らの賛同者がすぐに現れたわけではなかった。

大澤　魚住は中学時代、藤村操[★31]と同級生でしたね。藤村は華厳滝に投身自殺して煩《はん》悶《もん》青年ブーム[★32]の象徴となる。

竹内　まさに藤村の自殺を契機に、伝統的な学生文化を相対化するような対抗文化

★14 **蔵原惟人**（くらはら・これひと　一九〇二～九一）
評論家。著書に『芸術論』『文学論』など。

★15 **総合雑誌**
政治、経済、社会、文化など多ジャンルに関する評論、および創作などを掲載する雑誌。

★16 **ちくま学芸文庫**
筑摩書房が刊行する文庫レーベル。東西の学術書を中心に収録する。一九九二年に創刊。

★17 **ちくま文庫**
筑摩書房が刊行する文庫のレーベル。「ギリシア悲劇」など古典文学、太宰治など個人全集、水木しげるなど漫画作品、サブカルチャーや異色の名作など幅広く収録。一九八五年に創刊。

★18 **『頓智』**
筑摩書房より刊行された月刊誌。

が台頭してくる。一高生たちの関心が天下国家の問題から人生の問題、それこそ「煩悶」へと徐々に移行していきます。

大澤 そのとき、魚住は『交友会雑誌』に寄せた「自殺論」のなかで、「忠孝」を棄却して自我の確立の方を訴えます。その後も、一高の伝統である「籠城主義★33」を否定するなどとにかく保守性や体育会系ノリを徹底的に批判して「自由」や「文学」を掲げた。それで、まさに中堅会★34から鉄拳制裁をくらいそうになりもする。このあたりの旧制高校文化の覇権をめぐる攻防は竹内さんの『学歴貴族の栄光と挫折★35』が活写しています。

竹内 和辻は阿部の五年後に一高に入学しますが、和辻が二年生のとき、運動部批判の「精神を失ひたる校風」を『校友会雑誌』に書きます。「てめえがあんなこと書きゃがるからボート部の寄付があつまらなくなった」と因縁をつけられ、殴られたという話もあります。哲学書を読んで人格陶冶に努めるといったタイプの教養主義が文化として蓄積されて、それなりの層をなすようになるのはやっぱり大正期に入ってからですね。

大澤 明治期はまだ運動部と文芸部の文化的な闘争の渦中にあった。

竹内 そこに弁論部★36が入り込んできた。

大澤 そう、大正期は「雄弁」の時代でもあった。なぜ教養主義のモードがそのあ

創刊号は一九九五年一〇月号で、翌九六年七月号をもって休刊。

★19 **松田哲夫**(まつだ・てつお 一九四七〜) 編集者、書評家。元筑摩書房専務取締役。「ちくま文庫」をはじめさまざまなシリーズを立ち上げる。著書に『編集狂時代』など。

★20 **旧制高校** 第1章、註53を参照。

★21 **第一高等学校** 一八七七(明治一〇)年に創立された東京大学予備門がその前身。一八八六(明治一九)年に第一高等中学校として開設。一八九四(明治二七)年の高等学校令により、第一高等学校に改称。一九四九(昭和二四)年、新制東京大学の教養学部に統合された。

★22 **勤倹尚武** よく働き、倹約に努め、武道を重ん

たりでセットアップされたのかを考えるための手がかりとして、担い手たちの経済状況も考慮する必要があるんじゃないでしょうか。たとえば、阿部次郎の実家は経済的にはどんな環境だったんでしょうか。

竹内　まったくの貧乏人ではなかったけれど、庄屋格[37]の半農半商で、父は小学校の校長をしていましたが子どもが多く、複数の子どもに仕送りはできなくて、学費の捻出に苦労したみたいですね。貧しいとはいっても、旧制高校を志望する者のリミットは中農以上の家庭です。だけど、中農は生活には困らなくても現金収入があまりない。そこから学資の仕送りを得るのは大変だったでしょうね。

大澤　立身出世を果たそうにも元手がなかった。そこで機能したのが教養でした。教養主義を駆動させることによって経済的欠損を代補する。他方、生まれながらにして経済的に恵まれ、ハイクラスに属しているような人間は、幼いころから余暇に絵画鑑賞をしたり読書を楽しんだりして、教養知あふれるハビトゥス[38]を無意識のうちに身体化できている。そちらのタイプの教養もあるから誤解しやすいんだけど、ここで話題にしているのは、あくまで上の社会階層へとシフトするときに機能した教養ですね。意識的に、むしろがむしゃらに読書や教育によって習得されうる教養。いずれ国を動かす人間になる、そして故郷に錦を飾る、あるいは高貴に生きる、というある程度明確な目標や願望があって、そのための基礎固めとして教養を必要と

じること。

★23 **『校友会雑誌』** 旧制第一高等学校の学内誌として一八九〇（明治二三）年に創刊。小説、短歌、戯曲、評論、論文などを掲載した。寄稿者に川端康成、谷崎潤一郎、倉田百三、和辻哲郎、吉野源三郎などがいる。

★24 **ヘゲモニー**（hegemony）ある社会集団が、他の社会集団に対して政治的・文化的な指導性を確立し、安定的な支配を維持すること。一般的に「覇権」「主導権」と訳される。イタリアの政治学者であるアントニオ・グラムシ（Antonio Gramsci, 1891-1937）は、暴力や強制による支配ではなく、従属集団による合意による権力掌握に注目してこの語を用いた。

★25 **『三太郎の日記』** 阿部次郎著、岩波書店、一九一四〜一八年刊。自我や理想についての

した。

竹内　「聖人学デ至ルベシ」★39で元手がかからない。阿部は明治一六（一八八三）年の生まれですから、江戸はオンリーイエスタデイだった。遠い過去ではない。だから、儒学的な規範がつよく残っていた。儒学は聖人たらんことを理想としますね。阿部も幼少期にそうした願望を抱いて、やがてそれが哲学志望へと重なっていったのだということを本人が書き残している★40。

大澤　歴史を先取りしていうと、戦後の高度経済成長の時代、多くの人間が、自分の生活水準は「中の中」だと認識するようになる。実態は別としても、「一億総中流社会」★41の到来が盛んにいわれるようになります。それと軌を一にして大学進学率も上昇。もはや大学生であることがエリートの証拠であるとは見なされなくなっていく。

竹内　一九六三年に高等教育進学率は一五・五パーセントに達します。「エリート段階」にあるのは、当該年齢人口の一五パーセントまでの進学率の時点であって、それを超えると「マス段階」に入るといわれています。

大澤　マーチン・トロウ★42の『高学歴社会の大学』★43などが採用している基準ですね。そうしたマス段階への移行にともなって、将来は国を動かすような人間になるのだという野心も希薄化していきます。そして、教養主義も衰退する。構造的に不要に

思索的なエッセイで、当時の青年層に広く読まれた。第二次大戦後、神田ではこの本を買うために徹夜の行列ができたというエピソードがある。

★26 **阿部次郎**（あべ・じろう　一八八三～一九五九）哲学者、評論家。著書に『倫理学の根本問題』『人格主義』など。

★27 **岩波茂雄**（いわなみ・しげお　一八八一～一九四六）岩波書店の創業者。

★28 **安倍能成**（あべ・よししげ　一八八三～一九六六）哲学者、教育家。第二次大戦後、文相、学習院長などを歴任。著書に、『カントの実践哲学』『岩波茂雄伝』など。

★29 **魚住折蘆**（うおずみ・せつろ　一八八三～一九一〇）評論家。本名は影雄。安部能成、阿

なるわけですね。もちろん、これは教養主義の一側面にすぎません。が、ここから逆算して考えるに、元手がなにもないという状態こそが日本型教養主義を駆動してきたといえるんじゃないでしょうか。

竹内　谷崎潤一郎★44の自伝的な作品「神童★45」にも、子どものころ、聖人になりたかったということが書かれていますね。結果的には、大澤さんのおっしゃる「元手なし」の野心と関係するかもしれません。わりとあの世代には儒学的な身の処し方が身についていたんでしょう。だから、教養主義を考えるときに、修養とはまた別に儒学的なものの影響も無視できないと思う。

大澤　明治後期に修養主義が前近代的なものとつながりをもちつつ台頭してきて、それが人格形成のベースとなっていく。修養主義はかなり保守的な性格のつよいものですが、そのなかから、それと対抗するようなかたちで、新たに教養主義が出てきた。

竹内　ちなみに阿部次郎は「教養」という言葉をほとんど使っていません。少なくとも明治時代に書かれたものには、まったく使っていない。「修養」や「修行」という言葉を使っているんですが、その古い革袋に新しい酒をそそぐように内実を変えていくんですね。だから、阿部のいう「修養」には「インテリのための修養」という意味があった。

部次郎、小宮豊隆と並んで漱石門下四天王とされる。二七歳で亡くなったのち、安倍能成編で『折蘆遺稿』が刊行された。

★30 **和辻哲郎**（わつじ・てつろう　一八八九〜一九六〇）倫理学者、文化史家。著書に『古寺巡礼』『倫理学』など。

★31 **藤村操**（ふじむら・みさお　一八八六〜一九〇三）一高文科一年、満一六歳のとき、華厳の滝に投身自殺。

★32 **煩悶青年ブーム**　藤村操は投身自殺の際、滝上の木を削って「巌頭之感」と題し、「万有の真相は唯だ一言にして悉す。曰く『不可解』。我この恨を懐いて煩悶終に死を決するに至る」と遺書を刻み残した。立身出世を否定した藤村の自殺は当時の青年を中心として社会に衝撃を与え、煩悶を理由とする自殺者が相次ぐ結果を

大澤　修養主義のインテリ版。

竹内　そうそう。

大澤　実質的には、それが大正期に教養主義となっていく。

竹内　唐木順三はそこをデフォルメして、つまり通俗化したあれもこれもの読書主義として批判したわけでしょう。

大澤　その唐木の一枚岩的な整理によって戦後の教養主義史観が形成されるから、どこかフラット化してしまって、実態との乖離が出てくる。

2　マルクス主義と日本主義

大澤　限定的な階層だけが身につけられた江戸期の教養と異なって、明治期以降は、出自を問わず教養をインストールすることが原理的には可能だった。そこが新しい教養主義の最大の特徴です。さらに、それをフックに社会的な地位の上昇が可能になる。

竹内　その点は、ドイツの教養市民層★46とよく似ています。ドイツ語で「教養」を意味する「ビルドゥング（Bildung）」は元手のない人たちのメリトクラシー★47でしょう。貴族層に対する教養市民層の対抗戦略。だから世襲の貴族に対する精神の貴族。

招いた。「煩悶青年」は明治三〇年代から大正時代にかけて流行語となった。

★33　**籠城主義**
一高の風紀の乱れを統制するために厳しくなっていく管理体制を緩和すべく、教頭として送り込まれた木下広次（きのした・ひろじ　一八五一～一九一〇）が提案した学生自治の基本精神を指す。

★34　**中堅会**
明治三一年に一高で結成された学生団体。寮自治という伝統を守ることを大義名分として、逸脱する生徒への忠告や鉄拳制裁をおこなった。

★35　**『学歴貴族の栄光と挫折』**
竹内洋著、中央公論新社《日本の近代12》、一九九九年刊。

★36　**弁論部**

大澤　「ビルドゥングスロマン（教養小説★48）」のたぐいもドイツ教養市民層の成立と密接なつながりがあります。中世の封建的な桎梏《しっこく》から解放され、一人ひとりの努力によって経済的にも社会的にも成功する可能性が開けると、「いかに生きるか」が切実な課題としてせり出してくる。そうしたなかで、主人公が数々の体験を重ねて試行錯誤しながら自己形成を遂げ、人間として成長していく、そんな軌跡を描いた小説が多くの読者に求められるようになっていきます。その典型がゲーテ★49の『ヴィルヘルム・マイスターの修業時代★50』ですね。ジャンルとしての青春小説はいまなお健在だし、むしろ青春小説しかないといっていい。でも、教養小説となると、若い世代のあいだでまったく読まれなくなっています。忘れられた小説形式の一つといってもいい。

竹内　教養小説に描かれる人格の向上というストーリーは、進歩史観というか、社会はつねに成長していくという歴史観と同期していましたからね。それが信じられない現代ではリアリティを失っているんでしょう。

大澤　いまや過去のすべての出来事は同一平面上にべたーっとフラットに並んでいる。だから、線形的にヒストリーを描くのがむずかしい。そんなポストヒストリカルなフェーズに入ったことは教養の失墜と無関係ではありえないでしょう。とくに九〇年代後半以降に生まれたいまの大学生たちを見ていても思いますが、ネットが

明治初期に自由民権運動が勃興し、演説会が盛行するなか、明治二〇年代以降、相次いで弁論部が設立された。第一高等学校弁論部（東京大学の前身）は一八八九（明治二二）年、明治法律学校（明治大学の前身）雄辯部は一八九〇（明治二三）年、早稲田大学雄弁会は一九〇二（明治三五）年に創設されている。

★37 **庄屋格**
庄屋とは江戸時代における村の長。徴税などの事務を担当し、村の自治を管理した。主として関西での呼称。

★38 **ハビトゥス**（habitus）
もともとは、装い、習慣、態度などを意味するラテン語。フランスの社会学者ピエール・ブルデュー（後出）は、生活の諸条件を共有する人々のあいだで、日常経験を積み重ねるうちに、その秩序に適合的な知覚や思考、行為が持続的に生み出されていく性向のシステムを

最大かつ唯一の情報源になっているから、歴史の因果関係のなかに、それぞれの出来事を位置づけることができなくなっている。歴史上の遠近感がほとんどない。それもあってなおさら、過去から現在、そして未来へむけて発展していくという感覚はもちようがない。ネットに典型的ですが、巨大なアーカイブのなかにすべてがストックされていて、そこから任意のものをピックアップする感覚が支配的です。それはかつての「歴史」が消滅したことを意味すると僕は思う。

竹内　そうなんですよね。

大澤　教養小説にかぎらず、日本の教養主義も、個人が成長していく、ひいては国が発展していくうえで重要な役割を果たしました。

竹内　高度経済成長期に百科事典や新書ブーム、カセット版のクラシック音楽ブームなど大衆教養主義がひろがりを見せたのはそういうことですね。

大澤　経済が成長すれば教養主義も盛り上がるという、ある種の比例関係がありました。じっさい、高度成長期には、河出書房新社となる前の河出書房★51が『世界文学全集★52』を何種類ものサイズやパッケージで展開してめちゃくちゃ売れた。一九六〇年代、じつに六種類もの世界文学系の全集を出している。拡大路線の無理がたたって倒産騒動を引き起こしたほどです（新社となったのはそのため）。他社もそれぞれ文学や思想の全集を出す。ワンセット何十冊もあるそれらを人びとは自宅の本棚に

指してハビトゥスを概念化した。

★39 **「聖人学デ至ルベシ」** 学問を通して聖人という人格に到達するべきだ、とする朱子学の基調にある考え。従来、聖人とは理想的為政者を指す概念だったが、人間は本来平等であり、「聖人」であっても学問を通して到達できる人格とされた。

★40 **本人が書き残している** 阿部次郎「哲学志望」（『学生叢書』第一二巻『学生と哲学』日本評論社、一九四一年）。『阿部次郎全集』一〇巻に収録。

★41 **一億総中流社会** 一九七三年以降、総理府（現・内閣府）の「国民生活に関する世論調査」で、自分の生活水準を「中の上」「中の中」「中の下」を合わせた「中」とする回答が九割超となり、「一億総中流化」が言われるようになった。

インテリアのように詰め込んでいったわけですね。まさに「文学全集の黄金時代」でした（田坂憲二『文学全集の黄金時代』）。全国隅々まで文学全集が行きわたって、それまでであれば文学を必要としなかったであろう層にまでリーチしてしまう。一九六〇年代半ばに、知の商品化と大衆化のプログラムが完遂したと見ていい。他方、昭和初年代のように、経済的に低調なときは教養主義のモードが低下するんじゃないでしょうか。かわりにマルクス主義[★53]が台頭した。

竹内　経済成長との相関もあるけど、高等教育の拡大との相関も大きいですね。大正教養主義は、高等教育人口の拡大と相関していました。東北帝大や九州帝大などの法文学部の設置だけではなく、旧制高校や大学予科[★54]がふえる。さらに旧制高校のカリキュラム改革で、文理共通に大正八（一九一九）年から「法政及経済」「心理」がくわわる。文系は「哲学」が必須となる。その結果、高等遊民[★55]、つまり教養難民といわれた人文系のアカポス[★56]市場を大きくひろげることになった。阿部次郎をはじめ漱石門下のほとんどは高等遊民生活を送っていたのが、この高等教育機関の拡大のなかでアカポスを得て、留学さえできることになった。

大澤　阿部も小宮豊隆[★57]も東北帝大に職を得ますね。

竹内　大正末年の旧制高校教授の六割もが帝大文科出身者となりました。哲学専攻の者が引く手あまたになり、「哲学景気」ともいわれた。大澤さんの「元手なしの

★42 **マーチン・トロウ**（Martin Trow, 1926-2007）
米国の社会学者、高等教育研究者。著書に『高度情報社会の大学』『高学歴社会の大学』など。

★43 **『高学歴社会の大学』**
東京大学出版会より一九七六年に翻訳出版。訳者である天野郁夫と喜多村和之が、トロウの論文 The Expansion and Transformation of Higher Education（1971）ほか二編を、著者との協議の上で選定したオリジナル論集。

★44 **谷崎潤一郎**
第1章、註56を参照。

★45 **「神童」**
『中央公論』一九一六年一月号に発表。『谷崎潤一郎全集 第三巻』（中央公論新社、二〇一六年）に収録。

★46 **ドイツの教養市民層**
一九世紀半ばまでに、貴族（ユンカ

野心」説につなげていえば、教養景気というか、教養がメジャーになったことも大きかったと思います。そこでマルクス主義ですが、マルクス主義にはどこか教養主義の鬼子のようなところがあるんじゃないでしょうか。半分くらいは教養主義から来ている。

大澤　とても重要な指摘ですね。日本においてマルクス主義は教養主義のフレームで受容された部分がある、と。

竹内　そう。マルクス主義は教養主義の上級バージョンとして見られていた部分がある。つまり、マルクス主義は反教養主義ではない。

大澤　文化部や弁論部がヘゲモニーを握って以降の旧制高校文化のなかで、さらに上位に立つためにこそマルクス主義が召喚された。

竹内　そのきっかけのひとつは、一九一八（大正七）年の新人会★58設立でしょうね。

大澤　若い世代はマルクス主義を早々に仕入れることで上の世代を圧倒することができた。これによって、知的空間の世代交代がいっきに可能になる。

竹内　ちなみに、教養主義のもう一つの鬼子は本家返りした系譜ですね。つまり、安岡正篤★59に代表される日本主義的教養主義。旧制高校は大きくは文科と理科に分かれていましたけど、将来法学部へ進む学生もいれば工学部へ進む学生もいた。そんな彼らにしてみると、阿部や魚住、和辻の教養主義的なモードはちょっと受け入れ

ー）と財産階級のブルジョア（経済市民層）に対抗する形で確立された教養知による独自の身分階層。

★47 **メリトクラシー**（meritocracy）能力主義、業績主義。

★48 **ビルドゥングスロマン**（Bildungsroman）主人公が友情や恋愛など様々な経験をするなかで自己形成を遂げる過程に焦点をあてた小説。一九世紀初頭のドイツにおこり、代表作にゲーテの『ヴィルヘルム・マイスターの修業時代』、トーマス・マンの『魔の山』などがある。

★49 **ゲーテ**（Johann Wolfgang von Goethe, 1749-1832）ドイツの詩人、作家。著書に『若きウェルテルの悩み』『ファウスト』など。

★50 **『ヴィルヘルム・マイスタ**

がたかったと思うんですよ。「文芸部的なもの」にヘゲモニーを握られているとして。つまり、旧制高校は文科を中心とした「知の学校」と法科や工科などの「権力の学校」とのふたつの学校の混合体であった。知識人の学校と政財界人・テクノクラートの学校です。

大澤　つい忘れがちなんだけれど、テクノクラート向けの教養主義も求められていたと。

竹内　そうです。それでマッチしたのが日本主義的教養主義だった。片山杜秀[★60]さんは『近代日本の右翼思想』[★61]のなかで、安岡正篤の思想は、人格の成長と発展を第一義として理想を指導原理とするような阿部次郎の人格主義を読み破ったんだと喝破しています。思想史家の荒川幾男[★62]も、安岡の思想は単純な農本主義者[★63]や頑迷な西洋排撃とはちがって、新カント学派の著作に親しみつつ、儒学や国学的要素のなか、つまり東洋思想的人格主義のなかから生まれ出たものだと早くに指摘していた。自由主義者でマルクス主義批判の急先鋒でもあった経済学者の河合栄治郎[★64]もテクノクラート型の教養に影響を与えていたはずです。だから、教養主義を「文芸部的なもの」としてだけ捉えてしまうと、そこから抜け落ちてしまうものを見逃してしまう。

大澤　まったくそのとおりだと思う。これまで教養主義というと文芸部的な系譜ばかりが強調されすぎました。けれど、教養主義の発動期を振りかえると、もう少し

Ⅰの修業時代』
ゲーテ著。（*Wilhelm Meister*）「修業時代」*Lehrjahre*（1796）と、続編「遍歴時代」*Wanderjahre*（1829）の二編からなる。

★51 **河出書房**
一八八六年、河出靜一郎が岐阜成美堂書店・東京支店を開設。八八年、同書店・東京支店から独立。一九三三年、河出書房に改称。

★52 **『世界文学全集』**
一九四八年から最初の「世界文学全集」、五三年から「決定版　世界文学全集」、五九年から「グリーン版　世界文学全集」、六四年から「豪華版　世界文学全集」、六六年から「カラー版　世界文学全集」を刊行。

★53 **マルクス主義**
第1章、註79を参照。

★54 **大学予科**
一八九四（明治二七）年制定の高等

多元化できる。

竹内　さきほどの阿部次郎にしても、その教養観の基盤にはやっぱり儒学的なもの、それこそ「修己治人《しゅうこちじん》」[★65]のようなものがもともとありましたしね。

大澤　現在の『週刊ダイヤモンド』[★66]や『週刊東洋経済』[★67]といったビジネス誌が教養特集をしばしば組んで、ブックリストを掲げ、それらをビジネスインテリが読んでいる光景も、いまの竹内さんの図式ですっきり整理できそうですね。しかも、そこにあげられるのは安岡正篤だったりもする。

竹内　安岡の本はいまでも、どの書店にもだいたい置いてある。

大澤　日本型マルクス主義は教養主義の鬼子として出てきたという経路のわかりやすい例は三木清でしょうね。「読書遍歴」[★68]など半生をふりかえったエッセイを読むと、一高時代の三木は完全に「文芸部的なもの」の磁場に浸っていました。岩波書店の「哲学叢書」[★69]もきっちり読み進め、他方、文学の道に進もうかとすら考えていた。弁論もがんばっていた。まさに大正教養主義の申し子だったといっていい。ですが、大学院と留学をおえて『パスカルに於ける人間の研究』[★70]でデビューして、一九二〇年代後半になると、今度は急速にマルクス主義へと転回を遂げます。経済学ではなく哲学にマルクス主義を導入してみせて、後続する哲学志望の若手たちにかなり影響をおよぼした。それを担保にジャーナリズムに打って出て、論壇の寵児と

学校令により、従来の高等中学校が高等学校と改称され、「専門学科ヲ教授スル所」とされたほか、帝国大学へ進学する者のために大学予科を設けることが定められた。

★55 **高等遊民**
第1章、註92を参照。

★56 **アカポス**
アカデミック・ポスト（academic post）の略。主に大学の教員や、公的研究機関の研究員を指す。

★57 **小宮豊隆**（こみや・とよたか　一八八四〜一九六六）
ドイツ文学者、評論家。著書に『夏目漱石』『漱石・寅彦・三重吉』など。一九一七年にはじまった『漱石全集』の編纂に長く関わった。

★58 **新人会**
吉野作造らの賛同を得て、赤松克麿らが結成した、東京帝国大学の学生を中心とする思想運動団体。

なり、一九三〇年代半ばには昭和教養主義の中心人物の一人になっていくわけです。

竹内　昭和の教養を考えるうえで三木は重要ですね。

大澤　戦時期にはこのマルクス主義経由の教養主義と日本主義をベースとした教養主義とが対抗関係を形成することになる。ふたつの鬼子が拮抗するわけですね。

竹内　見えにくいかたちだけど、戦後にもその図式は流れこんでいった。

大澤　さきほど名前があがった河合栄治郎は、一九三〇年代にマルクス主義とは別の系統の昭和教養主義の立役者ですね。むしろ、出版史的にはこちらの方が本流だった。河合が企画編集した「学生叢書」★71 全一二巻は学生のあいだで爆発的にヒットして、戦後まで版を重ねます。

竹内　『三太郎の日記』が大正教養主義のバイブルだとすれば、「学生叢書」は昭和教養主義のバイブルだといっていい。三木とはちがって、河合は東京帝大の経済学部で教鞭をとっていましたから、その点も大きいでしょうね。河合の「学生叢書」に阿部次郎は数巻にわたって寄稿しています。阿部の人格主義は教養主義の古層になったのではなく、むしろ召還されたのです。経済学部の河合が人格主義を唱えていた。マルクス主義が弾圧されたことによって、教養主義が息を吹き返したわけです。

大澤　ところが、一九四〇年代に入るとマルクス主義のみならず教養主義的なモー

学生社会科学連合会（学連）の指導的地位を占め、多くの社会運動家を輩出した。三・一五事件直後に大学当局から解散を命じられ、一九二九（昭和四）年に解体。

★59 **安岡正篤**（やすおか・まさひろ 一八九八〜一九八三）思想家。東大法学部在学中より日本主義を主張。一九三二年、安岡が中心となり、近衛文麿や荒木貞夫など華族、官僚、軍人を発起人とする国維会を設立。戦後は吉田茂ら歴代首相の指南役を務めた。著書に『王陽明研究』『日本精神の研究』など。

★60 **片山杜秀**（かたやま・もりひで 一九六三〜 ）政治学者、音楽評論家。著書に『音盤考現学』『未完のファシズム』など。

★61 **『近代日本の右翼思想』** 片山杜秀著、講談社選書メチエ、二

ドもろとも抑圧されることになる。

竹内　だからこそ、戦後の新制大学において、教養主義やマルクス主義のリバイバルこそが軍国主義を防ぐものとして考えられたわけです。

大澤　こうやって、戦後も日本型教養主義は延命する。

3　文学部的なものの盛衰

大澤　それにしても、経済学部の教授だった河合栄治郎が昭和教養主義の中心で人格主義を唱えたという構図は考えさせられますね。というのも、いまや経済学部ではそうした教養はまったく機能しなくなっているので。例の「L型大学／G型大学」★72の議論を見ても、実利やビジネスにつながる場としてだけ捉えられているし、経済学部に進学する学生の大半もそれを前提に選択している。けれど、歴史的に見れば、経済学部にはそれとはだいぶ異なる可能性があった。そのことはしっかり認識しておきたいですね。

竹内　マルクス主義には全体知ないし総合知を志向するものだから、その点でも教養主義的な側面があるんです。そのマルクス主義が経済学部から撤退していったということは、人びとが思っている以上に大きな変化でしょう。それにくわえて、日

○○七年刊。

★62 **荒川幾男**（あらかわ・いくお　一九二六～二〇〇五）哲学研究者。著書に『三木清』『昭和思想史』など。

★63 **農本主義**　農業と農村こそが立国の基礎であるとする思想。明治以降、農村共同体の解体が進むなかで農本主義の主張は強まっていった。

★64 **河合栄治郎**（かわい・えいじろう　一八九一～一九四四）経済学者。著書に『ファッシズム批判』『学生に与う』など。

★65 **「修己治人」**　自ら修養に努め、徳を積み、それによって世を治めること。出典は儒学者・朱熹（しゅき　一一三〇～一二〇〇）の「大学章句序」。

★66 **『週刊ダイヤモンド』**

本の場合はアメリカのロー・スクール★73のような法曹なら法曹に特化した専門家養成に主眼をおくシステムを、ある時期まで構築してきませんでした。だから、法学部のなかで政治学や法哲学を専攻できた。

大澤　法制史★74などマイナーな専攻もそうですね。

竹内　経済学部にしてみてもそれはおなじことで、日本経済史や経済思想、社会思想を学べるようになっていた。

大澤　文学部的な学問が社会科学方面にも制度的に組み込まれていた。

竹内　かつては、文学部出身で金山や銀山の研究をしている日本史専攻の人が日本経済史の教員として経済学部に就職するようなケースがそれなりにあった。法学部にしても、文学部出身者が日本政治思想史の教員として採用されていました。

大澤　基礎教養的な成分が学問全体に入りこんでいたといってもいい。

竹内　ところが、この間の大学改革によって、こうした仕組みがいっきにつぶされていったんですね。

大澤　「文学部不要論」が勃発する以前からそれは進んでいたことがポイントでしょう。

竹内　もはや教養が必要とされない大学へと制度それ自体を作り替えてきた。

大澤　いまでもたとえば京都大学には、「国際農政論★75」のような一般の人からする

ダイヤモンド社が発行する週刊ビジネス誌。一九一三年に創刊。

★67 **『週刊東洋経済』** 東洋経済新報社が発行する週刊ビジネス情報誌。一八九五年に創刊。

★68 **「読書遍歴」** 『文藝』（改造社）一九四一年六月号〜一二月号に三木清が連載したエッセイ。のち、『読書と人生』（小山書店、一九四二年）に収録される。

★69 **「哲学叢書」** 西田幾多郎、阿部次郎、安倍能成らの協力を得て岩波書店が一九一五年に刊行を開始した全一二巻のシリーズ。執筆陣には紀平正美、田辺元、宮本和吉、速水滉、安倍能成、阿部次郎、石原謙、上野直昭、高橋里美、高橋穣がならぶ（阿部と安倍は二冊ずつ）。岩波書店の哲学を基調とするカラーはここで定着した。いちばん売行きのよかったのは速水滉『論理学』（一九一六年）で、大

となんだかよくわからない科目が経済学部のなかにありますね。農政関係の講座や農学部からも文学部的な研究者が続々と輩出した時期があった。あと、東京大学だと教養学部のなかに「科学史・科学哲学研究室」★76のようなところも存在する。

竹内　それでいうと、哲学はまさにそうで、教育学部に「教育哲学」という科目が設置されていますね。その存在が学部の威信を高めていた。

大澤　こうした科目や専攻が学問の度量を押しひろげていた。ところが、いままっさきに削減や改変されるのはこうしたタイプの分野ですね。

竹内　みんな不要だとされてしまった。

大澤　日本経済史や科学史など「××史」という科目が、ある時期までは各学部のなかに埋め込まれていて、そこが教養パートを担っていたんですけどね。

竹内　さきほどおっしゃった京大の農学部には「雑草学」だったり「森林水文学」だったりとやっぱり世間的には訳がわからない科目がたくさんある。農学部の出身者で著名な人もけっこういます。ジャーナリストの本多勝一★77もその一人です。京大農学部のような存在は、これはいい意味でいうんだけど、学問のごみ箱みたいなところがある（笑）。それが許されているからこそ、おもしろい人材が出てくるわけでしょう。ある時期まで高等教育では、そうしたルーズなカップリングが許容されていたんですよ。ところが、大学改革によって許されなくなった。

正末までに七万五千部を記録した。

★70 **『パスカルに於ける人間の研究』**
三木清著、岩波書店、一九二六年刊。

★71 **「学生叢書」**
日本評論社より一九三六年一二月から四一年一〇月にかけて刊行された。全一二巻からなり、「学生と××」のように各巻タイトルには全て「学生」が付され、第一巻「学生と教養」には河合の「序」のほか、安倍能成、倉田百三、東畑精一、野上弥生子らの論考一五篇を収録。他に「学生と社会」（第四巻）、「学生と学園」（第六巻）、「学生と読書」（第五巻）など。

★72 **L型大学／G型大学**
二〇一四年に文部科学省の有識者会議で経営共創基盤CEOの冨山和彦によって提案された、大学をG（グローバル）型とL（ローカル）型の二種に区分する考え。前者は

大澤　ニッチな学問は実態が見えにくいし、成果もすぐには出てこないですからね。

竹内　「見える化[★78]」しなくてはならなくなったんですね。

大澤　けれど、教養とはそもそもスローで遅効的なもの。すぐには見えない。

竹内　一般教養科目という枠を取り払うかどうかという以前に、すでに「教養殺し」ははじまっていたんだと思います。

大澤　京大農学部の場合、ワンダーフォーゲル部や登山部とリンクしていて、そのこともこの学部がおもしろい人材を輩出したことと関係していたんじゃないでしょうか。考えてみれば、登山は教養主義と密接なつながりがある。まさに旧制高校や帝大の文化として、山は重要な位置を占めていました。

竹内　若干茶々を入れると、登山はあまり元手がかからないから、文化資本[★79]強者、経済資本弱者のインテリや教養人の趣味に適合的だということを、ピエール・ブルデュー[★80]が言っていたように思います（笑）。

4　丸山眞男と吉本隆明

大澤　ところで、さきほど触れた三木清は、一九三〇年代半ば以降、しきりに「政治的教養」というワードを口にするようになります。当時、三木は大学業界からド

グローバルに通用する人材育成を目的とする一部の大学・学部、後者は地域経済の生産性向上に資する職業訓練を行うとするその他の大半の大学をそれぞれ指す。

★73　**ロー・スクール**（law school）
法科大学院と訳される。通常、学士の学位を取得後に入学させ、三年間の法学教育を行う。法曹養成のための大学院。

★74　**法制史**
法律の歴史を研究する学問分野。西洋法制史、日本法制史、東洋（中国）法制史などの分科がある。

★75　**国際農政論**
国際的な農業政策の展開過程やその政治・経済的な背景などを分析する学問。

★76　**東京大学の科学史・科学哲学研究室**
一九五一年に創設。科学技術を研

ロップアウトして、ジャーナリズムの世界をメインの活動場所にしていた。一九三七年には日中戦争が勃発。そんななかで政治的な知識とセンス、つまり現実空間との接続の重要性を強調するようになります。あの哲学書を読んだ、この小説を読んだというリストを潰していく快楽は教養主義の大きな要素ですが、それが行きすぎると観念の密室に閉じこもることになってしまう。それではダメだ。みずからの出発点である文化的教養、つまり大正教養主義的なスタンスへの強烈な批判がそこには含まれていました。

竹内　夏目漱石[★81]の『それから[★82]』に登場する代助は高等遊民ですね。私的な自由を享受していたいという願望をもつ存在として描かれている。教養主義はそんな人たちを受け手としていた。三木には政治性の欠落したその手の文化的教養主義をどうにかしないとダメだという思いがあったんでしょう。

大澤　別の角度から見てみると、当時の三木や戸坂潤のキータームに「常識」があります。常識と教養のセットで捉えていた。つまり、地に足の着いた教養ですね。おそらく過剰な実用主義でもなく、そうかといって観念的すぎる教養主義でもない、いわば第三の「新しい教養」のあり方を模索していたんだと思う。

竹内　しかし、そうした真ん中をいくような教養主義の実践は至難のわざでしょうね。

究開発者の視点からではなく、人文研究者・社会科学者の視点から検討する。

★77 **本多勝一**（ほんだ・かついち　一九三二〜　）
ジャーナリスト。著書に『戦場の村』『殺される側の論理』など。

★78 **見える化**
企業活動などにおいて、計画の進捗状況や成果などが具体的に見えるようにしておくこと。

★79 **文化資本**（capital culturel）
ブルデューが提唱した概念で、親から子へ継承される趣味の良さ、洗練された振る舞いや、学校教育を通じて獲得される知識といった、再生産される文化的所産を指す。

★80 **ピエール・ブルデュー**（Pierre Bourdieu, 1930-2001）
フランスの社会学者。著書に『ディスタンクシオン』『実践感覚』など。

大澤　そう。絶妙なバランスが必要とされていた。しかし、これはむしろ現在の僕たちにこそ当てはまる課題だといえます。教養の居場所は実用と観念の両極を行ったり来たりしながらゆらいでいる。

竹内　それでいうと、丸山眞男[★83]も本来は政治にも経済にも興味がなくて、私的な世界を生きていた人なんじゃないかと思う。極端にふりわければ代助型の人間。ところが、敗戦をむかえて現実政治にコミットせざるをえなくなった。それはもともとの彼のあり方とは異なる方向です。西洋史家の野田宣雄[★84]先生がかつて書いた丸山眞男論[★85]もそうした丸山像を描いています。

大澤　戦後、政治的教養の体現者として登場したと。

竹内　戦前は治安維持法[★86]もあったので、政治的教養を実践するにもハードルが高かったわけでしょう。それに対して戦後は、政治的教養を地で行く人もかなり出てくる。「進歩的文化人[★87]」というくくりができたことが、そのあらわれですね。

大澤　受け入れる土壌ができてきた。

竹内　そうですね。丸山によって共産党でなくとも反体制であるという言説空間と政治行為のくくりがつくられた。

大澤　一九六八年の全共闘運動[★88]のさなか、東大法学部の教授だった丸山眞男は学生たちの批判の的にされるわけですが、他方で、学生たちの人気を集めていたのは吉

★81 **夏目漱石**（なつめ・そうせき　一八六七〜一九一六）　小説家。代表作に『坊っちゃん』『こゝろ』など。

★82 **『それから』**　一九〇九年六月から同年一〇月まで、『東京朝日新聞』『大阪朝日新聞』紙上で連載。翌一〇年、春陽堂より刊行。

★83 **丸山眞男**（まるやま・まさお　一九一四〜九六）　政治学者、思想史家。著書に『日本の思想』『現代政治の思想と行動』など。

★84 **野田宣雄**（のだ・のぶお　一九三三〜　）　西洋史学者。著書に『ヒトラーの時代』『ドイツ教養市民層の歴史』など。

★85 **丸山眞男論**　野田宣雄「丸山真男」（『言論は日本

本隆明[★89]でした。吉本は六〇年代前半の『丸山真男論[★90]』などにおいて丸山的なものをつよく批判することで前面に出てきた。吉本は丸山のネガとして存在していたといっていい。しかし、裏をかえすと、すでにそれだけ丸山的なものがデフォルトと化していたということだと思うんですよ。

竹内　私の世代だと、正統派知識人はやはり丸山で、あくまで吉本は傍系知識人でした。ところが全共闘世代になると、丸山批判をして吉本を持ちあげるのがインテリの証みたいになりましたね。

大澤　六〇年安保闘争[★91]から全共闘運動まで一〇年ほども時差はないけど、その間に進んだ「大学の大衆化」をそのまま反映していますよね。もはや大学生というだけではエリートたりえなくなる。

竹内　学歴インフレが進んだ結果、大学生が大衆としてのサラリーマン予備軍となっていきました。

大澤　大学機関がエリート教育の場ではありえなくなるわけですね。

竹内　大学紛争は丸山に代表される学歴貴族文化ブルジョワジーへの憎悪に裏打ちされてもいた。

大澤　その点、吉本は丸山とちがってエリートコースを歩んでいないからいいと。

竹内　東京でも下町の船大工の子として生まれ育ちます。米沢高等工業学校から東

を動かす』第一巻、講談社、一九八六年)を指す。

★86 **治安維持法**　一九二五年に制定。国体の変革や私有財産制度の否定を主とする結社や運動を取り締まる法律。言論弾圧の手段として用いられ、逮捕者は数十万人、刑務所や拘置所での獄死者は四百人余と言われる。一九四五年に廃止。

★87 **進歩的文化人**(socialist intellectuals/社会主義的な知識人)　進歩主義的文化人を短縮した言葉。進歩主義とは歴史を進歩するものと捉え、それを推し進める思想のこと。進歩の先にはソ連や中国といった社会主義国を想定していた。一般的に護憲平和、非武装中立、戦後民主主義の擁護などを唱えた文化人を指す場合に用いられた。

★88 **全共闘運動**

京工業大学へと進んでいて、学歴も傍系。まさにプロレタリア化した運動学生たちの感情を代弁する存在だった。

大澤　教養による社会的上昇が不可能になった時代に、大衆との距離をきちんと説明してくれる下町知識人として吉本が共感を集めた。それでいうと、橋川文三★92もまた別の意味で丸山の裏バージョンのような存在ですね。丸山よりもずっと文芸に近い場所にいた。

竹内　異端的でかっこいいイメージがどこかありましたね。

大澤　六〇年代の学生運動といっても、六〇年安保闘争と六〇年代後半の全共闘運動では教養をとりまく状況はずいぶんちがう。

竹内　それこそ六〇年安保世代は政治的な教養主義が台頭した時期で、実際に理論闘争をしなくてはならなかったから、学生たちは本をよく読んでいたと思う。

大澤　それに対して、全共闘運動は教養主義の上昇スパイラルから離脱するもので、むしろ教養主義を全面的に否定していく。竹内さんは六〇年安保のときに中心的に活躍した人たちの少し下の世代ですね。

竹内　私は一回生のとき、六〇年安保の翌年、京大の寮にいたんだけど、のちに著名な文芸評論家となる人がオルグ★93に来ましたよ。彼は全自連（日本共産党系）のリーダーでした。学者的な話としてはとても理論的でした。さすが、せんだんは二葉

全共闘は「全国共闘会議」の略。安保闘争時に学生運動を主導した全学連（全日本学生自治会総連合）は一九六〇年代半ば以降、各派に分裂。学費の値上げやマス・プロ教育などへの不満を契機に、一般学生が参加する全共闘による学生運動が六〇年代末に盛り上がりを見せ、ピーク時には全国七〇の大学でバリケード封鎖がおこなわれた。

★89 **吉本隆明**（よしもと・たかあき　一九二四〜二〇一二）
詩人、思想家。著書に『言語にとって美とは何か』『共同幻想論』など。

★90 **『丸山真男論（増補改稿版）』**
吉本隆明著、一橋新聞部、一九六三年刊。

★91 **六〇年安保闘争**
日米安全保障条約の改定に反対し、一九五九年から六〇年にかけて展開された国民的な運動。安保改定

より香し[★94]、でしたね。けれど、アジテーター[★95]としての素質はまた別だなと思った記憶があります。

大澤　理論派が多かった印象ですね。

竹内　それに対して、全共闘世代は「反知性主義[★96]」の走りといっていいところがある。

大澤　丸山バッシングは反知性主義の典型的な現象でしょう。

竹内　そうそう。

大澤　六〇年安保世代にはのちに研究者になった人もかなりいるけど、全共闘世代の場合、ドロップアウトする人が多かった。予備校や塾の講師、出版関係者が多いとよく指摘されますね。東大全共闘議長だった山本義隆[★97]が駿台予備学校の物理講師として人気を博しつつ、在野で研究を続けてきたことは有名ですね。しばしば全共闘運動と二重写しで報じられたＳＥＡＬＤｓ[★98]の学生たちも基本的な文献を読んでいないじゃないかと批判されました。学生なんだからそんなものだろうとも僕は思いますが、ともかく路上での「民主主義ってなんだ？」という素朴なワンフレーズが吸引力をもった。そんな彼らと全共闘世代の人たちが連帯できたことにもそれなりの必然性があったんでしょう。

竹内　なるほど。

国民会議を中心に、革新政党、労働組合、学生団体、市民団体がこの運動を牽引し、ピーク時には三〇万人を超えるデモがおこなわれた。

★92 **橋川文三**（はしかわ・ぶんぞう　一九二二〜八三）
思想史家。著書に『日本浪曼派批判序説』『昭和維新試論』など。

★93 **オルグ**
オルガナイザー（organizer）の略。組合などの組織を拡大するための宣伝や勧誘活動。

★94 **せんだんは二葉より香し**
発芽する頃から栴檀は香気を放つように、大成する人物は幼いときから優れていることのたとえ。

★95 **アジテーター**（agitator）
大衆の意見や行動を一定の方向へ導くために情緒へ訴えるような活動を行う人。煽動家。

大澤　六〇年安保のほうはむしろ戦前とつながっていた。戦争がおわったのが一九四五年で安保闘争まで一五年しかたっていない。それこそオンリーイエスタデイだった。だから、戦前のプロレタリア文化運動など理論闘争の延長に位置づけようと思えばそれができる。

5　卓越化から平準化へ

大澤　一九六〇年代を通して、学生数がいっきに膨れ上がって大学[99]が大衆化するとともに、出版大衆化や知の大衆化も進行します。さきほどの全集ブームもこれに位置づけることができるわけですが、戦前の円本ブーム[100]とおなじように教養の大衆化を半ば強引に押し進めました。

竹内　その戦前の円本に対抗するかたちで、一九二七（昭和二）年には、岩波文庫[101]が創刊されますね。

大澤　かつて一高生たちはドイツ語のレクラム文庫を携帯したわけですが、レクラム文庫に範をとった岩波文庫が誕生したことで、人びとは日本語版を携帯できるようになった。このことも知の大衆化を進めます。ちなみに、政治的転回以前の三木清がその立ち上げに大きく関与していた。つとに知られるとおり、巻末に掲げられ

★96 **反知性主義**　知的権威やエリート主義に対して批判的な態度をとる立場。知性そのものへの反対ではなく、知性が特定の権力と固定的に結びつくことへの反感を指す。リチャード・ホフスタッター（Richard Hofstadter, 1916-70）が『アメリカの反知性主義』（原著＝一九六三年）のなかで指摘した。

★97 **山本義隆**（やまもと・よしたか　一九四一～　）　科学史家、自然哲学者、予備校講師。著書に『熱学思想の史的展開』『磁力と重力の発見』など。

★98 **SEALDs**　「自由と民主主義のための学生緊急行動（Students Emergency Action for Liberal Democracy）」の略称。集団的自衛権を行使可能にする安全保障関連法案に反対した学生たちが二〇一五年五月に設立。

た「読書子に寄す」は、三木の草稿に岩波茂雄が出版状況への批判を加筆したものだといわれます。

竹内　大学に進学しない人も岩波文庫を読むようになった。インテリだから読むのではなく、インテリになるために読む。そのことで、教養の民主化が進んだんですね。そして、戦後になると加藤秀俊[★102]さんのいう「中間文化[★103]」がひろがっていった。

大澤　教養の裾野がひろがったといえばよいイメージだけど、この現象をひっくり返して表現すると、教養の密度の低下が起こったともいえる。

竹内　さらに進むと、知的な意味で差異化する対象がなくなってしまう。

大澤　ブルデューのいう「ディスタンクシオン[★104]」を選択できなくなる。

竹内　教養を獲得するという行為には仲間集団の外にいる者を排除する機能がありました。

大澤　教養主義の崩壊とは、ようするに、おれはあいつらとはちがうんだという差別化戦略が立てられなくなっていくプロセスでもあった。

竹内　そして、反動がくる。キャンパスでむずかしそうな本を読んでいると、気持ち悪がられたり避けられたり……。

大澤　そうやって、大学での教養文化は一九八〇年代に消滅します。かわりに、高度消費社会[★105]においてファッションなど別分野での差別化競争が進む。けれど、それ

★99 **学生数がいっきに膨れ上がる**　四年制大学の学生数は一九六〇年段階で約六三万人、それが六五年には約九四万人、七〇年には約一四一万人にまで増加している。

★100 **円本ブーム**　大正末期から昭和初期にかけて、一冊一円という廉価で刊行された予約販売制の全集、双書類。改造社の「現代日本文学全集」がその嚆矢で、出版社が競って続々と刊行し、一大ブームとなった。

★101 **岩波文庫**　「古今東西の典籍を厳選しつつ人々の心の糧として提供する」という理念のもと、ドイツのレクラム文庫に範をとり、一〇〇ページにつき二〇銭という価格設定で創刊。

★102 **加藤秀俊**（かとう・ひでとし 一九三〇〜　）

もしだいに消えてなくなって、一九九〇年代にはみんななるべく目立たないようにする横並びの作法が全面化した。

竹内　ところで、『今日の早川さん』★106という四コマ漫画があるんですが……。

大澤　まさか竹内さんの口から『今日の早川さん』の話題が出るとは（笑）。

竹内　これがなかなかおもしろい（笑）。「早川さん」はSFオタクのOLです。ライトノベル好きは「富士見さん」、純文学ばっかり読んでビブリオマニア★107っぽいのは「岩波さん」、ホラーマニアは「帆掛さん」といったぐあいに、それぞれ版元のカラーが擬人化されているんですね。ちなみに、帆掛舟さんは東京創元社★108のシンボルマークから来ている。それで、カフカ★109の『変身』★110が話題になったときに岩波さんは蘊蓄《うんちく》をいうんだけど、早川さんは「あれはSFだ」といい、帆掛さんは「ホラーとしても読める」と主張する。つまり、『変身』も岩波さんのポジションもすっかりフラット化されている。

大澤　かつての教養主義の権化たる岩波書店が特権的な位置を確保できなくなったわけですね。じっさい岩波書店は現在、スタンスとしてかなりキツい状況にあると思います。

竹内　あの漫画は現在の文化状況の縮図になっていると思うんですよ。

大澤　出版社の序列も理解されなくなって、キャラのように「様々なる意匠」とし

社会学者。著書に『中間文化』『日常性の社会学』など。

★103 **中間文化**
加藤秀俊は『中央公論』一九五七年三月号に寄せた「中間文化論」で、戦後の日本文化は高級文化中心の段階、大衆文化中心の段階を経過し、中間文化中心の段階に入っているとし、その代表が週刊誌であるとした。

★104 **ディスタンクシオン**（distinction）
ブルデューが提唱した概念で、自己を他者よりもすぐれた存在として「差別化」し、「卓越化」することを意味する。

★105 **高度消費社会**
モノを買う行為の目的がモノの価値（＝使用価値）にある大量消費時代に対して、「自分らしさ」（オリジナリティ）を消費に求め、他者との差異化を志向するような社会。ボ

てすべて対等に接する。

竹内　いまや、芥川賞や直木賞など以外に本屋大賞[★111]などもある。社会的なステータスは別にして、本屋大賞に選ばれたほうが売れることだってある。

大澤　賞も大衆化するわけですよね。いわば評価の決定権を権威から引きずりおろす。

竹内　教養や文化が民主化なり平準化なりされると、そうなるのは必然なんです。

大澤　あらゆるものの遠近軽重が失効した時代を僕はよく「のっぺりした世界」というフレーズで表現するんですが、こういう場面にも当てはまります。差異化のための落差を発生させられなくなる。それでいうと、教養主義のプログラムはそもそも修養主義との差異化意識から出発している。

竹内　そうですね。

大澤　かつてはおなじ横並びでも、自分よりも上にいる人間に並び立ちたいという欲望でした。先輩たちのような会話がしてみたい、ええかっこしてみたい、社会的な地位の上昇を果たしたい、成り上がりたいという切迫感があって、それが背伸びをさせたわけですね。たとえば、昭和初期には「俗物」というワードが一種の流行語となりました。「俗物主義」とか「俗物根性」とか。教養主義にも、知的に上位に立ちたいというスノッブな動機、知的スノビズムがあった。

ードリヤール（Jean Baudrillard, 1929-2007）の『消費社会の神話と構造』（原著＝一九七〇年）が代表的な議論。大量に生産された規格化工業製品が社会で広く消費され、生活水準が向上した「大衆消費社会」が行き詰まり、製造業、建設業といった第二次産業に代わって、サービス、通信といった第三次産業が台頭した社会のことを指す場合もある。また、一九八〇年に田中康夫（一九五六〜）が発表した小説『なんとなく、クリスタル』は、高度消費社会を描いた作品として注目を集めた。

★106 **『今日の早川さん』** coco著、早川書房、二〇〇七—一〇年刊。全三巻。

★107 **ビブリオマニア**（biblio-mania）読書に没頭し、世事に疎い人。書物の収集に熱中している人。

竹内　かつての教養主義の表立った動機は人格主義でしたが、裏の動機は立身出世主義[★112]でしょう。エリートの仲間になるために教養を身につけるという動機が存在した。

大澤　いまはそのモチベーションすら確保するのがほんとうにむずかしい。少子化によって大学全入化傾向が進んだ結果、それほどがんばらなくても大学に入れるようになった。[★113]すると、似た立場の人間同士で足の引っ張り合いをするようになった。それで知の下方修正が起こる。とくに中間層ほどそうなっている。敗戦直後に、丸山眞男は中間階級を「亜インテリゲンチャ」（＝「第二類型」）と「本来のインテリゲンチャ」（＝「第一類型」）に区分して、前者こそがファシズムを支えたんだといいました。そして、教養主義を使って人びとを後者に誘導しようとしたわけですが、[★114]それでいうと、反対に「第一類型」のほうに流れてしまった。

6　研究者の劣化スパイラル

大澤　こう考えてくると、いささか絶望的にならざるをえないわけですが、今後、教養主義は成り立ちうるでしょうかね。

竹内　研究者の事例で展開してみると、私が大学院生だった時代はずいぶん大学に

★108　**東京創元社**　一八九二年創業の書籍取次会社、福音社が出版部門として一九二五年に創元社を設立。販売業務を専門とする東京支店が企画出版部門を創設し、独自に新刊を刊行。この東京支店が四八年に創元社名で独立し、夏目漱石の作品集などを刊行。五四年に改組し東京創元社となり、五九年には日本初のミステリ専門文庫「創元推理文庫」を創刊。翻訳推理小説、翻訳ＳＦの出版社として広く知られる。

★109　**カフカ**　第1章、註55を参照。

★110　**『変身』**(*Die Verwandlung*)　一九一二年一一月から一二月にかけて執筆、一五年に発表。朝、目覚めると大きな毒虫に姿が変わっていた青年グレーゴル・ザムザとその家族を軸に展開する中編小説。

★111　**本屋大賞**

も余裕があって、さほど論文を書かなくてもなにもいわれなかった。ところがいまは、論文を量産しなければ大学に就職することはむずかしい。

大澤　まさに、パブリッシュ・オア・ペリッシュ。論文、さもなくば死。

竹内　いまの若い研究者はおどろくだろうけど、私の世代は論文を三本も書けば十分だといわれていた。

大澤　年に三本ではなく、就職するまでに三本。

竹内　博士論文なんて書かなくてもまったく問題にならなかった。いや、むしろ書くべきではなかった。

大澤　博士論文は一家をなしたえらい教授が満を持して、というものでしたからね。

竹内　それで、論文を三本書くと先生から「君ね、論文というものはほんとうに書ける状態になってから書くべきだよ、やたらに書くものではない」といわれてしまって……（笑）。

大澤　「書ける状態」とは一体いつなのか……。

竹内　そうそう。

大澤　むかしは書かないことが美徳というところがありましたからね。漱石の『三四郎』[★115]に出てくる広田先生のモデルといわれた、一高のドイツ語教授の岩元禎[★116]が有名。まさに「偉大なる暗闇」。

全国の書店員が、もっとも薦めたい小説を投票で選出する文学賞。アルバイトを含む現役の書店員のみが投票資格を持つ。第一回は二〇〇四年に開催された。

★112 **立身出世主義**　社会的地位の上昇を望ましいとする考え方。明治期以降、盛んに推奨された。

★113 **それほどがんばらなくても大学には入れるようになった**　一九八〇年代には三〇パーセント台を推移していた大学進学率は、九〇年代に急上昇し、九五年には四〇パーセントに達した。二〇〇五年には五〇パーセントを超える。

★114 **「第一類型／第二類型」**　一九四七年六月に東洋文化研究所で丸山眞男がおこなった公開講演「日本ファシズムの思想と運動」での議論。なお、講演の内容は『東洋

竹内　「つまらんものを書きおって」と言って漱石を揶揄したとか。

大澤　いまでもそうした姿勢は残っていなくはないですが、環境的に成立しなくなって、かわりに成果主義が全面化している。

竹内　かつてはむしろ、三本以上書いてはいけない雰囲気さえあった。でも、そのおかげで、読みたい本はなんでも自由に読めたんですよ。

大澤　「三本以上書いてはいけない」とはそういうことですよね。存分に寄り道ができる。

竹内　いまの院生がそんなことをしていたら、研究ポストにはありつけないでしょう。

大澤　だから、結果につながることだけにミッションをぐっとしぼることになる。

竹内　いまや、大学院生のなかには自分のテーマにかかわる学術論文しか読まないという人すらいる。そういう手合いとはほとんど話が通じない。

大澤　鷲田さんとの対話（第1章）で出てきた「コミュニケーション圏の縮小」と同型です。テーマをせまくしぼることで、その領域だけきわめればそれらしいアウトプットを出せはする。けれど、読む人が読めばすぐにバレますね。註を見るとだいたいどういう調査の方法をして、どういう本を読んできたかがあらかたわかってしまう。問題はそれを見ぬける人すら減ってきているという惨状。

文化講座　第二巻　尊攘思想と絶対主義』（白日書院、一九四八年）に収録された。

★115 『三四郎』
一九〇八年九月から一二月にかけて『東京朝日新聞』と『大阪朝日新聞』に連載された中編小説。

★116 岩元禎（いわもと・てい　一八六九～一九四一）
哲学者。第一高等学校でドイツ語を教えたほか、哲学の授業も担当していた。厳しい名物教授として知られた。

竹内　かつての余裕ある時代の大学教員は、いろんな本を幅ひろく読んでいたから、学生がどんなことを聞いてきても、ひととおり対応できた。ところが、専門の学術論文だけ読んできた人間がどうなるかはわかりますよね。たとえ教員になれたとしても、学生の指導をするときに困るでしょう。

大澤　負のスパイラルですね。そういう人間に教わった人間は学問とはそんなものだと高をくくるようになる。さきほど触れた三木清は西田幾多郎★117に憧れて、当時としては例外的に（一高から東京帝大への進学が一般的だった時代に）、一高から京都帝大に進むわけですが、全人格的にどっぷりと西田から影響を受けている。後年に書かれた「西田先生のことども★118」はそれがよく表れたエッセイですね。西田の論文や著書で参照されている本を自分もとにかく全部読んだといっている。

竹内　そういう読書はある時期において必要ですよね。

大澤　講義や部屋での立ちふるまいも含めてずいぶん影響されたはずです。あるいは、月に何度か西田の家を訪問しては直接いろいろと教えを請う。その交流はお互いの晩年までつづくことになるわけですが、日記の断片や紙上で公開されたふたりの対談記事を読むと、話題がじつに多岐にわたっていたことが垣間見えます。あれもまた「対話的教養」だと思う。ああいった師弟関係はいまはむずかしいですね。人格と教養が切り離され、知識も断片化する。

★117　**西田幾多郎**（にしだ・きたろう　一八七〇〜一九四五）哲学者。著書に『善の研究』『自覚に於ける直観と反省』など。

★118　**「西田先生のことども」**　『婦人公論』一九四一年八月に掲載。のち、『読書と人生』（小山書店、一九四二年）に収録。

竹内　対話的教養と言えば、漱石門下の阿部次郎や小宮豊隆などは、さきほどいったように大正期の教授バブルで東北帝大法文学部の教授になるのですが、彼らを含めて多くの教授が自宅での面会日を決めていましたね。阿部次郎は木曜日の午後六時ごろから一二時ごろまでと決めていました。深夜になると、おでん屋に繰り出したそうです。河合栄治郎も自宅の面会日がありましたね。時間がくると、奥様手作りのサンドイッチが出たそうです。

大澤　さきほどの三木は京都帝大の教授ポストを諦めて、東京に拠点を移すとき、周囲の仲間に「東京に行ったら面会日を決めるんだ」と息まいていたなんてエピソードがあります。三〇歳前の若手であるにもかかわらず面会日を設けるというギャップがほほえましいわけですが。合理的な手段であると同時に、ひとつのステータスでもあったのでしょう。いずれにせよ、対話のチャンネルがそうやって用意されていた。

竹内　私が大学生だったころは、面会日こそなかったけれど、先生と一緒にお酒を飲むと、その流れで先生のお宅へ行って、またそこで酒盛り。そのまま泊まったこともあります。

大澤　いろいろと余裕があったんですね。

竹内　酒代は全額、先生持ちでした。そんなときの先生の言葉はいまでも覚えていますよ。泊まった翌朝、私がワイシャツの下になにも着ていないのを先生が見て、風邪をひくといけないからとよれよれになった先生のランニングシャツをもらったのですが、私は暑がりなので、いらなかった。下宿に帰って、恩師からいただいたものを捨てていいのかどうかかなり迷いましたが、結局は捨てました（笑）。

大澤　そういう人間的な交流はいまではほとんど不可能になっていますね。教員が多忙でそれどころではないし、ハラスメント概念が浸透して以降は、なにより学生との深い交流が端的にリスクとしてカウントされてしまう。かなりビジネスライクになっています。それによってよくなった面もあるし、失われたよい面もある。

竹内　そうなんですよね。

大澤　ところで、いまでは、指導教官が修士課程の院生に進学後すぐにでも論文を学会誌に投稿するよう指導することは当たり前になっていますね。学生のほうでも、はじめから最短ルートで書けそうなテーマを選ぶことになる。それを博士課程でも後生大事につづける。だから、どんどん小粒化する。

竹内　そうそう。やっぱり長期的に見れば、自分の研究テーマに直接関係がなくても、いろんな本を読むことが底力になっていると思うんですよ。比喩的にいえば、若いころに三角錐の底辺をひろげていればいるほど、それが力となって、上まで行けるようになる。

大澤　鷲田さんとの対談（第1章）でも上や下へとベクトルをのばすための前提として水平方向に裾野をひろげることの重要性が議論になりました。

竹内　けれど、いまは若いころに底辺や裾野をひろげることばかりやっていると、今度は上へ行くタイミングを逃すというジレンマがある。それで結局、短期決戦の世界になる。

大澤　そのさきを見据えようがない状況ですよね。それでいうと、大学院重点化[119]の流れが定着したからか、僕が博士課程にあがる少し前あたりで、「三年間で博士論文を書くことが常識」みたいな雰囲気に切り変わったんですが、僕自身はかつての世代のじっくり何年も費やしてひとつの作品へと仕上げる態度に畏敬の念をもっていたので、まったく焦ることなくあれこれと読み漁ることができた。じっさい、博論提出までにかなりの時間をかけています。ようするに、旧タイプの人間なのでしょう。けれど、そのおかげで、いまの仕事のレンジがひろくなっているところは確実にある。

竹内　それは大澤さんのキャパが大きいからですよ。以前、ゼミの学生たちに、きみたちも就職して、いずれ社長にでもなれば日本の教育や経済について発言しないといけなくなるわけだから、いまのうちに本を読んでおいたほうがいいんじゃないかといったことがあるんですよ。そしたら、「大丈夫です。そんなにえらくなりま

★119 **大学院重点化**
一九九〇年代から政府によって進められた政策で、学部生の教育から大学院生の研究指導へと大学の講座の重心を移行しようとする改革。これにより大学院が拡充された。第3章で詳述。

せんから」と（笑）。

大澤　なんと……（笑）。まさにビルドゥングの喪失ですね。かつての「立身出世」や「成り上がり」がモードとして機能しない。今後ますます階級社会化が進む公算が高いわけですが、それでもまだ「一億総中流」幻想★120だけはしっかり残っていて、スタート地点からしてそこそこのところにいるんだという自己認識なんですよね。そして、そこそこのままでいい。だから、なんとかして這い上がりたいという動機が確保されにくい。

竹内　それは実感します。

大澤　学者もおなじですね。あそこまでいってやろうというモチベーションはほとんどなくて、アカデミック・ポストの獲得が最終目標になってしまっている。

竹内　研究者が一般向けの文章を書けなくなっていると出版社の人たちが嘆いていました。興味深いテーマをもっている研究者に、一般向けの本を依頼しても、学術論文にしか接していないからぜんぜん書けない。

大澤　編集者がゴーストライターまがいの手入れをしたなんて噂話はよく耳にしますね。

竹内　それもせまく目標をしぼった読書や研究の弊害です。

大澤　竹内さんの本は読ませるための遊びが必ずどこかに入っていますね。たとえ

★120 「一億総中流」幻想　一九七〇年代に共有されるようになった、日本を豊かで格差の小さい社会と考える傾向。代表的な議論として、生活様式や意識の点で均質な層が巨大化したとみる村上泰亮の「新中間層」論などがある。

ば、『大学という病』★121の冒頭の講談調。あれで読者を引き込む。そこから自然な流れで徐々に社会学や教育学の知見が盛り込まれていく。おなじことを提示するにしても、場に応じて「見た目」や入角度を変える必要があるんだけど、そのときに切れるカードが減ってきているということでしょう。読んでないからバリエーションを知らない。こんなところにも、教養主義の衰退の弊害が現われている。それから、遊びの部分をそぎ落とした味もそっけも色気もない本ばかりが市場にあふれて、それを読んで育った次の世代は遊びの部分を理解できない。それどころか、ムダだと捉えてしまう。「文芸部的なもの」の完全な終焉といっていい。

竹内 そのわりには一般書を書きたがるでしょう。

大澤 書きたいという欲望はあるんですよね。

竹内 そのくせ、最短コースでものになるようなテーマばかり探している。効率の悪いことは必ず避ける。

大澤 学問的な下積みや研鑽《けんさん》を積むことが面倒に感じられている。

竹内 それじゃ、いざお鉢が回ってきても書けませんよね。

大澤 ようするに、やっていることとやりたいこととの整合性がとれていないんですよ。小説の新人賞の応募作はいまだに年々増加の一途をたどっているけれど、文芸誌がどんどん売れなくなっている。この二〇年、いわれつづけてきたことです。

★121 **『大学という病』** 竹内洋著、中公叢書、二〇〇一年刊。

つまり、小説家志望者の大半はろくすっぽ小説を読んでおらず、なにか書きたいという欲望だけが先走っている。自己実現の欲望だけが肥大化しているという意味で社会のカラオケ化はまだつづいている。若い世代の研究者にもそれと似たところがある。人の歌を聴けない。

竹内　やっぱり若いときは専門書をきちんと出すべきです。一般書に取り組むのはそのあとだっていい。

大澤　そこは出版事情の変化も大きいでしょうね。二〇〇〇年代に何度目かの新書ブーム★122が起きて、球数を揃《そろ》えることと、若手の青田買いとが連動した結果、若い院生が一発逆転や一芸突破を夢見るようになってしまった。夢を見ることはいいんです。けれど、基盤を整えてから挑まないと本末転倒です。

竹内　最近、若い研究者に聞いた話なんですけど、新書を書きたがるのは、人文社会系では新書を書いていたほうが、アカポスを得るのに有利だからということでした。採用側はウチの大学で博士論文みたいなむつかしい講義をしてもらっては困ると思っている。そこで、売れ線の新書が業績にあると、採用にかなり有利になるらしい。

大澤　わかりやすい新書を書けるかどうかが指標になるわけですね。いかにもマーケティング・ビジネス化した大学ですね。

★122 **何度目かの新書ブーム**
カッパブックス、角川新書、河出新書といった新書が一九五〇年代半ばに多数創刊されたのが第一次新書ブームとされる。第二次ブームは一九六〇年代で、ブルーバックス、ワニの本などが創刊された。また、同じ時期に中公新書、講談社現代新書が刊行され、岩波新書（一九三八年刊行）とともに「教養御三家」と呼ばれるようになる。一九九〇年代入ると教養系の新書が流行し、文春新書、集英社新書、光文社新書などが続々創刊された。これが第三次ブームとされる。ここで言及されている二〇〇〇年代のブームは養老孟司『バカの壁』（新潮新書）のヒットがきっかけとされるもの。第1章、註2も参照。

竹内　すこし前までは「新書を書くようでは学者ではない」といった空気があった。
大澤　よほどの大家でないかぎりは、岩元の漱石評じゃないけど、「つまらないものを書きおって」と見切られてしまう。それにしても、売れ線の業績が重視されるのは、いまの大学が研究力より教育力を重視している証拠ですね。
竹内　そういう事情もあるのかと思いましたが、だとしたらなおさら基礎体力があったほうがよいですよね。

7　「上から目線」というけれど

竹内　私の個人的な印象だけど、最近の新書はちょっとひどい状況ですね。毎月、百数十点は刊行されているんだそうですが[★123]、さすがに出すぎでしょう。当然ながら、薄っぺらな内容のものも多い。下流新書の洪水のように思えます。
大澤　各社、新書の毎月の刊行ノルマはすぐにでも廃止したほうがいい。出さなくてもいいものも出すから、悪貨が良貨を駆逐して、教養の水準をさげている。これは印象ではなく事実です。出版にたずさわる人間はそのことをしっかり自覚したほうがいい。そもそもなんで出版をやっているのか、初発の動機を思い出すべきです。せめてタイトルだけでも各レーベルの新刊全点に目をとおせるくらいの数がいいん

★123　**毎月、百数十点は刊行**　新書（ノベルスを除く）は二〇一〇年には月平均一七五・六点刊行されていたが、一六年には月平均一四〇・五点で、漸減傾向にある（全国出版協会・出版科学研究所「出版指標　年報」より算出）。

ですよ。

竹内　最近の状況はよくわからないけど、こんな例は海外ではほとんど見られないですよね。

大澤　新書は世界史的に見てもほんとうに不思議なメディアです。

竹内　ハウツー本であれば、海外にも薄いものはあります。だけど、新書のようなテーマであれだけ薄い形式はあまり見ない。書き手が学者でなくても注が付くなどしていて、にもかかわらずおもしろく読める。しかもレベルが高い。

大澤　その意味でも、かつての新書は日本の教養の底上げを担う象徴的なアイテムでした。

竹内　そんな新書もどんどん少なくなってきた。とりもなおさず、そうした知的読者層の解体を意味しているのかもしれない。高度大衆社会になって、だれもが大衆的な存在になっている。

大澤　つまり、ここが重要なんですが、教養の大衆化が進んだ結果、ほんとうに大衆だけになってしまった。さっきの知の下方修正の一例ですね。

竹内　たとえば、アメリカやイギリスには、とりあえずは「インテリ」と呼べる人びとが一定の層をなして存在していますよね。

大澤　知的エリート層があって、知的中間層があって、大衆層があるという段階的な構図の理解は日本ではもう成り立たなくなっているんじゃないでしょうか。かつての知的エリート層は学者や専門家などごく一部へと縮退し、しかも彼らも自分の専門領域についてはくわしくても一般的な教養はまったくない。平準化が進むことで、引き上げるのではなくて真ん中あたりの水準へと回収されていく。その象徴が現在の新書の状況なんでしょう。学術書でもなければ娯楽コンテンツでもない、謎の中間出版物たる新書がいまや大量に出回っていて、多くの大学教員は自分の専門分野を除けば、そうした新書的な教養しか持ち合わせていない。もしかするとこれは、一九二〇年代以来の日本的な出版大衆化の完成形なのかもしれません。もちろん残念な結末です。

竹内 それで思い出すのが、この一〇年よく見かける「上から目線★124」というフレーズですね。なにをいおうと、そんなふうに判断されたら全部がダメになる。

大澤 そう。たいしたことないのに不相応に上から判定する態度を「上から目線」と形容したはずなのに、知的な意味で実際に上位に立っている人間に対しても「上から」と使うようになってしまった。そうなると、もうなにもいえない。いろいろ見識をもっている側が申し訳なくなってしまうというマズいスパイラルが生まれた。

竹内 だから、古典や原書を読んでいるとすぐ「上から目線の人間」だと認定されてしまう（笑）。

★124 **上から目線**
人に対して露骨に見下す態度を取ること。二〇〇〇年代後半から新聞でも使用されはじめた言葉。朝井リョウ（一九八九〜　）は、就職活動における大学生の有り様を描いた『何者』（新潮社、二〇一二年）で二〇一三年に直木賞を受賞しているが、同作の主人公は上から目線の「冷静分析系男子」だった。

大澤　ほんとうに「上」なんだから、わざわざ「上から目線」という意味がないはずなんですけどね。

竹内　そうなんですよね。

大澤　四月に講義がはじまるときに、学生たちにどういう授業であってほしいかを参考程度に出席カードに書いてもらうようにしているんです。すると、先生の解釈や意見よりも、豆知識や雑学を教えてくれといってくる学生が一定数いる。この数年とくに顕著です。その手の知識は図書館の本に書いてあるし、それどころかいまはインターネットがあるわけだから、調べればいくらでも簡単に手に入ることなのに、そちらのほうを欲している。知識と教養は似て非なるものだとよくいわれるけど、こうした風潮は知識偏重の成れの果てという気がします。

竹内　反知性主義的であるが知識主義的であるという傾向はありますね。

大澤　まさに。もちろん、こちらはググれば[★125]わかるようなことだけを教えるつもりは毛頭ないわけですが、大学の存在や知がどういうものかが急速に理解されなくなりつつある。

竹内　私が教員になりたてのころは、学生たちから「知識はもういいから、先生の意見を話してくれ」とよくいわれたものです。ところがしばらくすると、時代が変わったんでしょうね、「世の中にはいろんな意見があるのだから、先生の意見ばか

★125　**ググる**
検索エンジンGoogleで検索すること。一般化した結果、動詞として使われるようになっている。

りいわないでほしい」となった（笑）。

大澤　そういうかんじですね。「意見を押しつけられたくない」というコメントに遭遇することもあります。客観的な知識や情報はニュートラルなものとして受け入れるけれど、そこに解釈が加わるとすぐに「上から目線」に見えてしまう。

竹内　そうそう。最初は「意見をいってくれ」だったのが、「もう意見はいうな」となった（笑）。

大澤　ある意味で、多文化主義[★126]的な教育の負の遺産ですね。小中学校でみんなの意見はかけがえのないものだから尊重しあいましょう、まちがった意見など存在しませんよと教えこまれた結果、自分の意見も先生の意見と対等に扱ってほしいとなった。教員の意見は相対化され、多様な意見のひとつに成り下がるわけですね。けれど、じっさいに「まちがった意見」は存在するんですよ。そもそも、前提知識が必要なテーマのもとでは、知識のある者とない者とは対等ではありえない。それに、過去にどんな議論がなされたかという歴史を知らずに素手で意見を発することがいかに非効率的か。そこを勘違いしている。その発想は結局、知的な上昇意欲を削ぐことにつながります。自分の解釈の自己循環で満足しつづけていられるわけですから。そうなってくると、従来型の教養主義はもう成り立たない。

竹内　すこし前の話になるけど、おもしろいと思った本の紹介をするという課題を

★126　**多文化主義**（multiculturalism）
第1章、註84を参照。

ゼミで出したときに、本の読み方が以前とはぜんぜんちがうと感じたことがありました。著者がどういう人なのかたずねても、いっこうに答えが返ってこないんですよ。ほとんどなにも知らない。話を聞いてくうちに、そもそも書き手には興味がないんだということがわかった（笑）。

大澤　おなじような経験があります……。

竹内　ようするにネタにすぎないんですね。その場かぎりのネタ。なにかの拍子に本を手にして読んで、それをおもしろいと思ったら、その著者がほかにどんな本を書いているのか、どういう状況でその本を書いたのか、どんな生き方をした人なのか、気になって調べると思うんですよ。ところが、そうしたことには関心が向かわないのね。そこが、教養主義的な読書との決定的なちがいじゃないかと思う。

大澤　とりあえずコンプリートしようと思うはずなんですけどね。読まなくていいから気になった固有名に関してはリストだけでもチェックしておく。けれど、いまではコンテキストに目がむかわない。

竹内　だから、全集を買おうなんて気も起きない。

大澤　さきほどいった「のっぺりした世界」の必然的な帰結でしょうね。知りたい単語をネットで検索して、ヒットしたサイトにピンポイントで飛んで、理解できたらＯＫ。それがどういうサイトで、どんな人間が書いたものなのかはほとんど問題にならない。匿名情報であっても同列に扱えてしまう。おそらく本に対してもこれとおなじ視線が向けられている。一つの情報として処理する。読書が情報消費に堕している。

竹内　そうなんでしょうね。

大澤　ある人の著作をかたっぱしから読みまくるとか、ある領域に関連する本を系統立てて読むといった経験がもちにくい情報環境があります。文脈を自分で構築しながら読書をするかんじにならない。ピンポイントで読む行為が連鎖するだけ。便利になった結果です。

8　文化ポピュリズムの構造

竹内　いま「教養」ということでいうと、世間の人はたとえば池上彰[★127]さんの本をイメージするんじゃないでしょうか。

大澤　ビジネス雑誌などの教養特集は、テレビコメンテーターとしての池上さんのようにひろく目配りしていて、コンパクトに解説できる人になりたいという読者の要望に応えるかたちでつくられています。

竹内　実際、のきなみベストセラーになっていますね。いまここで議論しているよ

★127 **池上彰**（いけがみ・あきら　一九五〇〜　）ジャーナリスト。著書に『これが「週刊こどもニュース」だ』『知らないと恥をかく世界の大問題』シリーズなど。

うか。

大澤　さきほどの学生が求める豆知識的欲求の延長にある現象なんじゃないでしょうな「教養」とは別の教養や教養観が支持されているように見える。

竹内　問題はそれを一種の「新しい教養」といっていいのかどうか。

大澤　池上さんの場合、「知らないと恥をかく」や「社会人」といったフレーズがタイトルに入ることが多いですね。『政治のことよくわからないまま社会人になってしまった人へ』[★128]なんて本もあって、ようするに、これくらいのことは一般常識として知っておかないと話にならないという最低ラインのクリアに目標が設定されている。〝仕事上、損をしないため〟という発想に近い。明日、居酒屋の会話で困らないとか。どちらかといえば実利的なものだと思うんですよ。損得で考えている。

竹内　となると、ここまで話題にしてきた「教養」とはやはり別物ですか。

大澤　もちろん、ここを出発点に上に向かうというルートもありますから、一概に否定すべきではありません。が、たいていそこで止まってしまう。

竹内　つまり、自己啓発本と親和性があるんですかね。現代版のビルドゥングやセルフカルティベーション[★129]。

大澤　八〇年代であれば、自己改造することによって豊かな人生を実現させましょうというタイプの本が多かった。それに対して現在は、会議のプレゼンがうまくな

★128　**『政治のことよくわからないまま社会人になってしまった人へ』**
池上彰著、海竜社、二〇〇八年刊。

★129　**セルフカルティベーション（self cultivation）**
自己修練、自己修養。

るための方法とか、手帳を使いこなすと仕事上のミスが減るとかいったビジネススキルに特化したものが大半でしょう。たしかに、それもビルドゥングの一形態かもしれないけど、さっきの学術論文しか読まない院生とおなじですよね。会社で出世するとか、給料をアップさせるとか、より条件のいい会社へ転職するとかいった目的を最短ルートで実現するための読書。

竹内 従来型の教養観からするとすこしちがうかもしれませんが、その意味を掘り下げる必要はありますね。

大澤 本が読まれていないわけではないいんですよ。

竹内 そう。みんな読んでいないわけではない。ただ、なにを読んでいるかが問題。

大澤 国会議事堂にある本屋[★130]の主人が、政治家が本を読まなくなったと嘆いた記事を目にしました。大平正芳[★131]や伊東正義[★132]といったかつての政治家たちはみなかなりの読書家で、行動の基盤に読書があったというんです。だけど、いまの政治家は、読んだふりしてスマホを見てるだけだと。むしろ、読んだふりもしないいんじゃないか。

竹内 官僚などテクノクラートの教養も失われている。では、いま彼らはなににょって動いているんでしょうね。

大澤 瞬間的なムードで動いてしまう。一九九〇年代の新党ブーム[★133]以降、政党の離合集散がくりかえされています。立ちあげた以上はなんとしても最底一〇年はふん

★130 **国会議事堂にある本屋** 「五車堂書房」(一九六七年〜)。店名は荘子の「五台の車がいっぱいになるほどの蔵書」に由来する。

★131 **大平正芳**(おおひら・まさよし 一九一〇〜八〇) 自由民主党の政治家。外相・蔵相などを経て、一九七八年に首相。

★132 **伊東正義**(いとう・まさよし 一九一三〜九四) 自由民主党の政治家。外相、党総務会長などを歴任。

★133 **一九九〇年代の新党ブーム** 一九九二年の日本新党、九三年の新党さきがけ、新生党に端を発する新党結成ブーム。九三年、自民党宮澤喜一内閣の総辞職を受けておこなわれた衆議院総選挙で自民党は過半数を割り、社会党も議席を減らす一方、新党が議席を伸ばした。このことで、自社両党主導の

ばるなんていう矜持がない。かつての政治家は歴史書や先人の伝記を読むことで、ポリシーや矜持《きょうじ》を鍛えあげていたと思う。

竹内　なにかポリシーがあってポピュリズムに向かっているわけでもなくて、ただただサヴァイヴ★[134]したいということだけ。そのサヴァイヴさせたい自己も空洞化している。

大澤　言論人や物書きの世界もおなじですね。ポピュラリティの獲得が自己目的化してしまって、そのさきでなにを実現させたいのかが見えなくなりつつある。以前、勝間和代★[135]が有名になったあとになにをするのかこそが問題★[136]だといっていたけど、その「なに」が空無化している。

竹内　その結果、ウケねらいで奇矯なことを発言する人が出てくるわけでしょう。文化ポピュリズムです。

大澤　あえてする逆張りや露悪ばかりですね。

竹内　政治家にしても言論人にしても、ゴッフマン★[137]の本に出てくる人間像にかなり近づいているんじゃないでしょうか。演技する人間★[138]、ただし演技を生み出す主体は空虚。あえて探し出せば、いまがよければそれでいいといった、瞬間的な現在主義の蔓延。

大澤　瞬間風速だけで勝負する。だから蓄積されないし、「無責任の体系★[139]」がなく

「五五年体制」が崩壊した。

★134 **サヴァイヴ**(survive) 長生きする、生き残る。新自由主義的なモードが席巻する二〇〇〇年代以降、頻繁に用いられるようになった言葉のひとつ。

★135 **勝間和代**(かつま・かずよ 一九六八〜) 経済評論家。著書に『無理なく続けられる年収10倍アップ勉強法』『断る力』など。

★136 **「有名になったあとに〜」** 勝間和代『「有名人になる」ということ』(ディスカヴァー21、二〇一三年)での議論。

★137 **ゴッフマン** 第1章、註58を参照。

★138 **演技する人間** アーヴィング・ゴッフマンによれ

ならない。

竹内　最近、大学時代の同級生といっしょに旅行に行ったんですよ。研究者ではないけれど、いまでもかなり深いところで話が通じる。若いときに本を読んでいた人は、年を取ってからもけっこう読んでいるものなんですね。

大澤　問題はどうやって最初の習慣を獲得するかです。

竹内　どうして大学生のときにそんなに本を読んだんだろうかという話になったんだけど、読まないと仲間と話が通じなかったからという。やっぱりエリート文化がそれなりに機能していた証拠ですね。

大澤　けれど、それがなくなると、なんでこっちがあわせないといけないんだという発想になる。そして、さっきの下方修正が進む。

竹内　かつてはそれらしいことをいえないと恥ずかしいという気持ちがあったんですよ。政治家も財界人もそれはおなじ。

大澤　いまは、それらしいことをいえる側がかえって恐縮してしまう。「ちょっとえらそうで申し訳ないんだけど……」と留保をつけないといけない。

竹内　そうなっていますね。

大澤　知的に上にいる層をメインターゲットとした出版物をきっちり出していくことにつきると思う。あっちから○○部、こっちから××部、とパイの組み合わせで

ば、人びとは他者を特定の役割に位置付けてその行為を理解するとともに、自分自身にも特定の役割をあてはめて行為している。このとき、人びとは各自の役割にふさわしいものとして他者に評価されるよう、自己の印象を管理しながら提示している。これをゴッフマンは「演技(performance)」と呼んでいる。

★139 **無責任の体系**
丸山眞男が論文「軍国支配者の精神形態」(『潮流』一九四九年五月号)で定式化した概念。東京裁判で被告人となった東條英機ら戦争指導者の発言を分析し、指導力と責任意識の欠如をそう名指した。

編集企画を立てることが意味をもった時代もあったけど、いつまでもそれをやりつづけていると、けっきょくは下にあわせることになる。それでは文化は滅びます。だから、クォリティペーパー化[140]やクラスマガジン化[141]など、出版はある程度のセグメント化[142]をしていったほうがいい。出版や教養や大学の大衆化が完遂した以上、一億総中流的なモデルから脱却しないと、読書そのものが消滅してしまう。

竹内 公共圏が拡大すればするほど、公分母は劣化しますね。大人数で集まるとエロ話やバカ話ばかりになってしまうというのはよくあることです（笑）。

大澤 なにごとにも適正規模がある。各方面でそれが見えにくくなっているのでしょう。

竹内 参加者が多くなると、共通する話題は限られてきますからね。

大澤 このままでいいのかどうか、出版人だけでなく、書き手の側も、きちんと考えないといけません。もちろん読者もです。

竹内 となると、教養主義にはどうしてもエリーティズム[143]が必要になってくるんでしょうか。

大澤 半分はそうでしょうね。ただ、もちろん読めない人を排除するわけではありません。前提が足りない人にはそれ用の本は山ほど出回っているのだから、それらをステップに読み進めばいい。ようは段階を踏めるよう設計していくこと。

★140 **クオリティペーパー** 一定の教養や知識を持った読者を想定し、国家や社会に関する重要なテーマを中心に紙面を構成する新聞のこと。硬派な性格を持ち、大衆紙と対をなす。なお、日本の日刊紙に「高級紙／大衆紙」の厳密な区分はなく、中間的な性質をもつとされる。

★141 **クラスマガジン** 性別、年齢、所得、居住、興味・関心などから想定読者を細かく絞り込んで編集された雑誌のこと。

★142 **セグメント化** 第1章、註62を参照。

★143 **エリーティズム**（elitism） エリート主義、選民意識。

竹内　私が大学生だったころ、シカゴ大学総長による『偉大なる会話』★144の翻訳本を読みました。その巻末に「西洋のグレート・ブックスを一〇年間にどう読むか」のブックリストがあった。一年間で十八冊、一〇年で一八〇冊です。アリストテレス★145の『倫理学』★146などにはじまり、一〇年間にこれだけは読んでおけというものでした。

大澤　教養主義の基本は一冊ずつ読破しては未読リストを消化していくことです。チェックで潰していく行為に快楽を見いだせるかどうか。

竹内　そうですね。

大澤　いまは、邦書でも洋書でも原典にいかなくなって、解説ですませる。それどころか、ネットで検索すればレビューはあふれていて、そこに貼られたレッテルで、読む前から高をくくって処理してしまう。文字どおり右も左もよくわからないまま濫読していくうちに、少しずつ自分のなかに判断軸ができてくるのが、本来の教養のスタイルでしょう。

★144　**『偉大なる会話』**（*The Great Conversation*）三〇歳でシカゴ大学の総長となったハッチンズ（Robert Maynard Hutchins, 1899-1977）の著作。一九五二年刊。

★145　**アリストテレス**（Aristotelēs.BC.384-BC.322）古代ギリシアの哲学者。著書に『形而上学』『政治学』など。

★146　**『ニコマコス倫理学』**（*Ta Ēthika Nikomacheia*）アリストテレスの著書を息子のニコマコスらが編集した一〇巻からなる体系的な倫理学の書。倫理学の基礎となった。

第3章 【制度編】大学と新しい教養

吉見俊哉×大澤 聡

吉見俊哉（よしみ・しゅんや）
1957年生まれ。東京大学大学院社会学研究科博士課程単位取得退学。現在、東京大学大学院情報学環教授。社会学・文化研究・メディア研究を専攻。主な著書に『都市のドラマトゥルギー』『「声」の資本主義』（以上、河出文庫）、『大学とは何か』（岩波新書）、『「文系学部廃止」の衝撃』（集英社新書）など。

カルチュラル・スタディーズという比較的新しい研究潮流がある。既存の学問領域の壁をぶち壊しながら、文化現象の背後にある政治性をえぐり出し議論の俎上にのせるというものなのだけれど、わたしが大学に入った2000年前後はまさにその最盛期で、中心にいたのが吉見俊哉さんだった。いまわたしがあれやこれやのディシプリンを渡り歩きながら横断的に仕事をやれているのも、やっぱり1990年代以降に位置していればこそなのだろう。

そうした流れを牽引してきた吉見さんが、大学の運営側にまわって大学論を展開する。「文系学部廃止」騒動に際しては関連本も緊急出版した。カルチュラル・スタディーズの精神を制度に実装するという、どこかアクロバティックなプロジェクトに精力的に挑戦されているようにわたしには見えた。そこで第3章では、吉見さんとともに大学というシステムの来歴と、来たるべき「新たな大学」の設計案をめぐって対話していく。教養再生の実験場として大学をいかに機能させるのか。「理系的な知」と「文系的な知」の幸福な関係は可能か。おたがいにメディア研究を専門としていることもあって、出版やアーカイブの観点から捉えなおすことも試みる。

ちなみに、この対談収録は指定された午前9時ぴったりに東京大学の吉見研究室ではじまった。そんな時間帯に対談することじたい、わたしははじめての経験で、いかに自分が学生時代以来の夜型生活を送っているかを思い知ることになる。第一線であれだけの仕事量をこなし続ける吉見さんの仕事術もいつか別の機会にうかがってみたい。

（大澤 聡）

1 「いま・ここ」を内破する知

大澤　ある席で一緒になった理系の若い研究者が「文系不要論」めいた発言をしていたんです。けれど、よくよく話を聞いていくと、そこでイメージされている「文系」は『源氏物語』のストーリーを深く味わったり、好きなサブカルチャーを分析したりといった、かなり偏狭な理解に由来するものでした。そんな貧弱な文系観から不要論が展開されてしまう。制度改革を推進している人たちもじつのところ大差ないんじゃないでしょうか。

吉見　そう。文系的な知の営みとはなにかを知りもしないのに、文系はいらないと強弁している。困ったものですね。

大澤　こうした議論に対する反駁として、一見すると役に立ちそうにない学問でも長期的には役立つこともある、あるいは、役に立たないことこそが最大の利点なのだという価値転倒のロジックがありますね。しかし、吉見さんも『「文系学部廃止」の衝撃』[★1]でお書きになっていたように、それはおそらく戦略として有効ではない。むしろ、そんなレトリックの駆使こそをあざ笑うように、「これだから文系人間は……」とますます拒絶されてしまう。

★1　**『「文系学部廃止」の衝撃』**　吉見俊哉著、集英社新書、二〇一六年刊。

吉見　なにより、文系が役に立たないという理解は、根本的にまちがっています。しかし、それが通念として浸透してしまっている。

大澤　吉見さんは、役に立つのだと積極的に打ち出していく論法ですね。

吉見　はい。ただ、その場合、「役に立つ」という概念を偏狭な一般通念よりもひろいものに組み変えないといけない。

大澤　というと？

吉見　一般的になにかが「役に立つ」という場合、実現させたい目的があって、それを達成するための手段の有用性がしばしば語られますね。たとえば、東京－大阪間を移動する際、新幹線よりもリニアモーターカーのほうが時間短縮できるとか、大容量のデータを解析するにはどんなシステムを構築すればよいのかとか、目的がはっきりしている条件のもとでは、理工系、とりわけエンジニアリングの知はとても役に立つ。

大澤　ただし、そこでいう「有用性」を追求していくかぎりにおいて、ですよね。

吉見　そうなんです。ある目的が多くの人びとのあいだで当然のものとされる期間にはおのずと限界があります。三〇年なり五〇年なり一〇〇年なりといった長いスパンで見たときには、その社会における目的の軸がどこかで必ず変わる。三〇年前に当たり前だったことが、三〇年後のいまでは常識でもなんでもないなんて事態は

★2　「より速く、より高く、より強く」

これまで何度もおきてきました。

大澤　つまり、価値観や倫理性の側面から考えるとき、理系的な知だけでは必ず限界につきあたると。

吉見　一例をあげましょう。一九六四年の東京オリンピックの標語は「より速く、より高く、より強く」[★2]でした。そこに価値がおかれて、人々も受け入れていたわけです。だから、オリンピック開催に合わせて新幹線や首都高速道路や地下鉄をつくり[★3]、速くはない都電を廃止し[★4]、速い東京を実現した。

大澤　「速く、高く、強く」のモードは高度経済成長期の各所の目標を形成してもいました。けれど、いまでは経済状況も価値観もずいぶん異なっている。

吉見　「より愉しく、よりしなやかに、より末永く（サステイナブルに）」が、いまの社会が重視すべき価値ではないでしょうか。

大澤　働き方も「愉しく」という側面を追求するようになりましたね。鷲田さんとの対談（第1章）でも、最後のほうは、「こらえ性」と「わくわく」を併存させながら新しい教養を設計する必要があるという話になりました。それと、いまの社会は安定志向型でもある。「より速く」をひっくりかえして、「よりスローに」でもいいかもしれません。

吉見　「よりスローに、よりミニマムに」。ようするに、目的は時代によって非連続

「より速く（Citius）、より高く（Altius）、より強く（Fortius）」は、ドミニコ教団のディドン神父（Henri Didon, 1840-1900）が発案し、クーベルタンが一八九七年に採用した標語。国際オリンピック委員会（IOC）がオリンピックのモットーとして公認したのは一九二六年のこと。

★3　**新幹線、首都高速道路、地下鉄**
東京―新大阪を結ぶ東海道新幹線は一九六四年に開業。首都高速道路は六二年に京橋―芝浦間が開通。浜松町―羽田空港第2ビル間を結ぶ東京モノレール羽田空港線は六四年に開業。

★4　**都電を廃止**
一九六三年一〇月、東京都電車（都電）の北青山一丁目―三宅坂間、半蔵門―九段上間を、東京オリンピック開催にともなう道路整備のために廃止している。

的に変わる。いまは、高速道路よりもおしゃれな路面電車の時代です。でも、こうした目的の非連続的変化は理系的な知だけでは理解も主導もできません。人々が当たり前だと思っている価値の自明性を壊せないからです。

大澤　長期的なスケールのなかで、現在自分たちが依拠している土台や前提から疑いなおす。それは文系的な知が得意とするところですね。この価値観は絶対的ではない、時限つきなんだと意識すること。そして、そんな価値相対化のためには歴史性の召還が必要となります。

吉見　文系というのは、「いま・ここ」から、つまり内側から自己批判、自己相対化ができる知なのですね。

大澤　かつて吉見さんも関わった本のタイトルを借りれば、まさに「内破する知」★5。

吉見　政治学でも社会学でも経済学でも人類学でも文学でも哲学でも、人文社会科学の学問は、クリティーク★6がなければなりません。そのために、わたしたちは異なる時代、文化、社会の異なる価値について深く学んできたわけでしょう。

大澤　現在は人類史的に見ても異様なまでにクリティシズム★6の部分がないがしろにされる時代ですね。

吉見　高度経済成長期のように、キャッチアップ型の社会は、「成長」という自明の目標にむけて努力しさえすればなんとかなります。けれども、それでは新たなパ

★5　内破する知
栗原彬、小森陽一、佐藤学、吉見俊哉『内破する知』（東京大学出版会、二〇〇〇年）で使用された言葉。同書はシリーズ「越境する知」（全六巻）全体のコンセプトを明示する一冊として編者らによって制作された。「内破する知」には、「思想と実践の核としてきた部分を率直に言語化し、内側から破砕する挑戦」という意味が込められている。

ラダイム★7をつくりあげることは永遠にできない。すぐに役立つものは、すぐに役に立たなくなる。

大澤　まさしく。社会条件の天変地異があったり、体制や目標のドラスティックな転換があったりしたら、その瞬間に丸ごとゴミと化す可能性がある。それなのに、その現実にふたをして目の前の競争にはげんでいるのが現代社会でしょう。

吉見　根本的な価値の変化を先導していく企業や社会であるためには、価値創造的な有用性、つまり目的そのものを創造していく知が必須なのですね。これが、じつはアップルとソニーの決定的なちがいだったのだと思います。スティーブ・ジョブズ★8はこのことを天才的に理解していたけど、ソニーの経営陣はそうではなかった。

大澤　価値創造的な部分は、むかしから日本が弱いとされるところですね。

吉見　戦後日本はずっとキャッチアップ型でやってきました。そのおかげで、高度経済成長も達成した。そして、日本社会は同質性が高いから集団の凝集力がとても高い。それだけに内部の矛盾を創造性に変える力が低い。掲げた目標を精緻に実現する能力はかなり高いのだけど、矛盾こそが価値だというセンスが欠けている。

大澤　角度を変えると、セグメンテーション★9の問題でもありますね。課題が与えられさえすれば、その枠内でオタク的に没入して最適解やそれ以上のものをアウトプットできるのに、課題そのものをみずから編み出すことが苦手。部分最適には長け

★6 **クリティーク**(critique)・**クリティシズム**(criticism)
批評、批判。

★7 **パラダイム**(paradigm)
「範例」を意味する語。アメリカの科学史家クーン(Thomas Samuel Kuhn, 1922-96)は、科学の研究は通常このパラダイムに準拠しておこなわれ、それが行き詰まると科学革命が起こり、新たなパラダイムに取って代わられるとした。のちに一般化され、ある時代に支配的なものの見方や考え方を規定する概念枠組を指すようになった。

★8 **スティーブ・ジョブズ**(Steven Paul "Steve" Jobs, 1955-2011)
アップル社の共同設立者の一人。

★9 **セグメンテーション**(segmentation)
第1章、註62「セグメント化」を参照。

ているけど、個々には全体性が担保できない。まさに、丸山眞男★10が「蛸壺★11」と形容した日本的傾向です。

吉見　戦前期の日本は天皇制国家で、軍事的な帝国建設に一丸となって突き進みました。ところが、戦争に負けて軍事に頼れなくなった。今度は平和な技術力でいこうとなって、高度成長を遂げたわけです。かたちは異なれども、じつは与えられた目標に向けて一丸となる点でおなじことを繰り返している。

大澤　戦前の軍事力が戦後の経済力に置き換えられたにすぎない。

吉見　エズラ・ヴォーゲル★12の『ジャパン・アズ・ナンバーワン★13』の邦訳版が刊行されたのは一九七九年ですね。七〇万部を超えるベストセラーとなりました。おなじ年、ソニーからウォークマン★14が発売され、これが爆発的な売れ行きを示します。

大澤　街の風景を一変させた。まさにイノベーションだったはず。

吉見　ほんとうは、あのへんで社会の方向性を根本的に変えるべきだった。

大澤　その後も、任天堂が一九八三年にファミリーコンピュータ★15を発売するなどいくつか革新的な商品が生まれはしたものの、なかなか線として形成されなかった。

吉見　ウォークマンはステレオの機能を純粋化させてモバイル化した点に革新性がありました。でも、ソニーはアップルにはなれなかった。iPhoneは従来の携帯電話の概念を壊していますね。Macにしてもそう。それまでのコンピュータの概念を壊

★10 **丸山眞男**
第2章、註83を参照。

★11 **蛸壺**
第1章、註78を参照。

★12 **エズラ・ヴォーゲル**（Ezra Feivel Vogel, 1930-）
アメリカ合衆国の社会学者。著書に『四小龍』、『鄧小平』など。

★13 **『ジャパンアズナンバーワン』**
原著*Japan as Number One: Lessons for America*は一九七九年刊。TBSブリタニカより刊行された日本語版も同年刊。

★14 **ウォークマン**
第1章、註57を参照。

★15 **ファミリーコンピュータ**
任天堂が開発し、一九八三年に発売した家庭用テレビゲーム機。八五年に発売したソフト「スーパー

している。つまり、アップルは社会が自明と思ってきたメディア概念を壊して、新たな市場を創造してきたわけです。技術力をいくら磨いても、自明性を内側から壊す力がなければこれは実現させられません。この種の価値創造的な知の力はソニーよりもアップルにはるかに軍配があがった。

大澤　話をすこし戻せば、そうした創造性のためには文化的なセンスや人文的な教養が有効だよというわけですね。

吉見　技術力だけでなんとかなる世界ではありませんから。ジョズズだって、大学は退学したけど、そこでかなりリベラルアーツを学んでいる。

大澤　しかし他方では、こうもいえる。パラダイムが急変したときでも、それなりに柔軟な対応を見せることができるのは、日本のよいところではある、と。

吉見　なるほど。目標をみずから変えていくのは不得手でも、目標が変わってしまったあと、それを後追いするのは得意です。新しい価値の軸が外から与えられると、それに見事に適応していく。

大澤　戦争が終わったあとはまさにそうだったわけですから。

吉見　でも、それって悲しくないですか。結局、自分たちでは自分たちを変えられない社会ってことでしょう。

大澤　ほんと、そうなんですよね。

マリオブラザーズ」が大ヒットし、世界のおもちゃ市場を席捲した。

吉見　もっとも、安倍政権みたいに、「戦後レジームからの脱却★16」といって、上からとんでもない方向に国民を誘導していくのも問題です。社会の価値創造的な力が弱いと、そうした上からの力に対しても脆弱になりますね。

大澤　それと、すでに起こった事態を追認したり前提としたりする議論が先行しがちでもある。

2　ジャンル混淆性の再帰的設計

大澤　研究の世界に目を転じてみると、いまは文系の大学院生でも自分が取り組むべき課題をだれかに与えてほしいというタイプが少なくありませんね。僕の世代もすでにそうだったのかもしれません。なぜこのフィールドワークや参与観察をするのか、その「なぜ」の部分がすっぽり抜け落ちている。もちろん、他ならぬその人がやらねばならないというポジショナリティ（立場性）の必然性に関する問題をいっているわけではありません。そうではなくて、学問全体のなかにきちんと自分の仕事を配置することができなくなっている。短い期間で成果をあげるための「作業」と化してしまっていて、自分とは何なのか、この社会とは何なのかを再帰的に理解していくところにまで最終目標が紐づけられない。

★16 **「戦後レジームからの脱却」**　二〇〇七年一月の内閣総理大臣施政方針演説で安倍晋三首相は「戦後レジーム」からの脱却を宣言。安倍首相の公式サイトには「憲法を頂点とした、行政システム、教育、経済、雇用、国と地方の関係、外交・安全保障などの基本的枠組みの多くが、21世紀の時代の大きな変化についていけなくなって」おり、「戦後レジームからの脱却を成し遂げるためには憲法改正が不可欠」とある。

★17 **如月小春**（きさらぎ・こはる　一九五六〜二〇〇〇）劇作家・演出家。実験的なパフォーマンスで注目を集め、一九八〇年代の小劇場ブームの旗手の一人として活躍した。

★18 **見田宗介**（みた・むねすけ　一九三七〜　）社会学者。著書に『現代日本の精神

吉見　私自身のことをいうと、はじめから社会学をやろうと思っていたわけではありません。もともと理系ですし、学生時代は演劇に入れあげていましたから、演劇関係の未来を考えたこともあった。だけど、役者としても演出家としても才能がなく、自分の限界を思い知って断念します。いっしょに演劇をしていた如月小春★17さんに、自分は逆立ちしてもかなわない、足元にも及ばないと思ったのですね。まあ、いまから思えば、中途半端に才能がなくて幸いでした（笑）。でも、演劇はいまでも私の思考の原点です。それで、見田宗介★18や栗原彬★19、井上俊★20といった先生方の学問に触れて、この人たちの社会学は、演劇の世界で自分が考えてきたことと重なるのではないかと思った。海外の学者でいうと、アーヴィング・ゴッフマン★21、クリフォード・ギアツ★22、ケネス・バーク★23、ヴィクター・ターナー★24、ミハイル・バフチン★25といった人たち。それが、私にとっての社会学でした。

大澤　学問や批評の世界で演劇が大きなプレゼンスを示していた時代ですね。劇作家が研究者と対談したり、研究者が演劇を議論の俎上にのせたりと、教養の暗黙のメニューのひとつに演劇が組み込まれていた。

吉見　文系の学問では、政治学も社会学も人類学も歴史学も、それぞれ閉じた固有のディシプリン★26が自立してあるわけではないと私は考えています。むしろ、それぞれの多様性を横断していくことが生む創造性に文系の可能性がある。

構造』『現代社会の理論』など。真木悠介の筆名で『気流の鳴る音』『時間の比較社会学』など。

★19 **栗原彬**（くりはら・あきら　一九三六〜　）社会学者。著書に『やさしさのゆくえ』『「存在の現れ」の政治』など。

★20 **井上俊**（いのうえ・しゅん　一九三八〜　）社会学者。著書に『死にがいの喪失』『遊びの社会学』など。

★21 **アーヴィング・ゴッフマン**　第1章、註58を参照。

★22 **クリフォード・ギアツ**（Clifford Geertz, 1926-2006）米国の文化人類学者。著書に『ジャワの宗教』『ヌガラ』など。

★23 **ケネス・バーク**（Kenneth Burke, 1897-1993）

大澤　そして、その横断性や総合性こそが教養の本来の要件です。

吉見　まあ、社会学も政治学も人類学も歴史学も似たようなものだ、というぐらいの自由さで文系の知を捉えたほうがいいと思います。

大澤　吉見さんが学部生だった一九七〇年代後半は、世界的な知の地殻変動期にあたっていて、日本の人文知はいわゆる「現代思想ブーム」の渦中にありました。岩波書店の叢書「文化の現在[★27]」のようなジャンル横断的なシリーズものが続々と刊行され、のちのち同社が一九八四年に創刊する雑誌『へるめす[★28]』に集結していくような人たちが縦横無尽に活躍していた。たとえば、山口昌男[★29]が記号論[★30]や構造主義[★31]を日本に紹介して、従来の学問のあり方が大きく転形しようとしていた。そうした空間では、既存のディシプリンはあってないようなもの。全体で新しい知のムーブメントをつくっていた。

吉見　まさに、「ポスト政治の時代」ですね。六〇年代末から一九七二年ごろまでの「政治の時代」のあと、みんな政治に幻滅していた。

大澤　そして、一九六〇年代の政治への情熱を、七〇年代に入って別のかたちに翻訳していく。

吉見　政治闘争ではなくて文化闘争、というか文化的パフォーマンスとして新しいものを創造しようとしはじめたわけです。

米国の文学理論研究者。著書に『動機の修辞学』『文学形式の哲学』など。

★24 **ヴィクター・ターナー**（Victor Witter Turner, 1920-1983）米国の文化人類学者。著書に『儀礼の過程』『象徴と社会』など。

★25 **ミハイル・バフチン**（Михаил Михайлович Бахтин, 1895-1975）ソ連の文学理論研究者。著書に『ドストエフスキーの詩学』『マルクス主義と言語哲学』など。

★26 **ディシプリン**（discipline）学問分野。

★27 **叢書「文化の現在」** 一九八〇年から八二年にかけて岩波書店より刊行。全一三巻。編集代表は大江健三郎、中村雄二郎、山口昌男。

大澤　挫折した結果、ラディカリズムの矛先が学問やカルチャーの領域に転轍《てんてつ》されたと整理してみてもいい。つまり、七〇年代の文化はねじれをはらんでいて、それがパワーになっていた。

吉見　そうですね。

大澤　その後、一九八三年に出た浅田彰[32]の『構造と力』[33]がベストセラーとなり、ニューアカ・ブーム[34]が到来。しばらくしてそれも終息、そうした領域横断的な知のあり方は、九〇年代には「学際性」というきれいなフレーズに象徴されるかたちで急速に制度化されていきます。しかし、僕はそうなる前の七〇年代の知の地殻変動の意味をもう一度検討しておく必要があると思っているんです。あのごちゃごちゃっとしたかんじや、身体が世界中を文字どおり越境していく姿勢を取りもどすべきではないかと。

吉見　その意味で、七〇年代後半に学生時代を送った私たちはかなり幸運でした。ちなみに、当時私が師事した先生たちのほとんどは一九三〇年代後半生まれです。見田宗介が一九三七年生まれ、栗原彬が一九三六年生まれ。社会学以外の分野でいうと、蓮實重彥[35]が一九三六年生まれですね。山口昌男はちょっと上で一九三一年。それ以外の分野を眺めても、七〇年代に革新的なお仕事をされた方はだいたい一九三〇年代後半生まれなんですよ。おそらく、これは偶然の一致ではない。あの世代

★28 **『へるめす』**　岩波書店より刊行された思想誌。季刊誌として創刊され、のちに隔月刊となる。大江健三郎、大岡信、磯崎新らが編集同人として参加。一九九七年七月に第六七号で廃刊。

★29 **山口昌男**（やまぐち・まさお　一九三一～二〇一三）　文化人類学者。著書に『人類学的思考』『「敗者」の精神史』など。

★30 **記号論**（semiotics）　記号と記号にかかわる人間的、文化的、社会的な現象を対象とする領域のこと。ここでの「記号」とは、「意味するもの（signifiant）」と「意味されるもの（signifié）」が一体となったもののことである。人間の被造物である文化一般を記号と捉え、記号体系のより広範な意味や社会的機能を検討してきた。

★31 **構造主義**　第1章、註80を参照。

は、日本が敗戦をむかえた一九四五年、小学校高学年か中学生でした。思春期を戦後のどさくさのなかで過ごしているのですね。占領期のこの時代は、それまでの戦前的な価値の軸が崩壊し、しかし高度経済成長的な軸はまだ確立していない時代です。つまり、価値創造という点で、ものすごく自由度の大きい時代だった。彼らの自己形成がまさにこの時期に当たっていたことの意味はとても大きいと思います。やがて自己形成を経て大学生になるのが一九五〇年代後半です。

大澤　つまり、六〇年安保★36世代。

吉見　そして、彼らは六八年から六九年にかけて盛りあがった大学紛争では、博士課程の大学院生や助教授になったばかりの若手教員でした。この世代は、さまざまな立場から全共闘★37に共振していくのですが、しかし全共闘世代自体とはちょっとちがう自由度を持っていたように思います。本当は、六〇年代末の大学紛争をめぐる議論は、一九四〇年代後半生まれの全共闘世代と三〇年代後半生まれのこの世代、それから大学執行部に入ってもいた一九二〇年代生まれの世代の微妙な価値観のちがいにもっと繊細であるべきですね。私が一番自由で面白いと思うのは、やはり三〇年代生まれの彼らです。

大澤　あらゆるものは変わりうるし、変えていいのだという発想が根底にあるんでしょう。

★32 **浅田彰**（あさだ・あきら　一九五七～　）
経済学者、社会思想研究者。著書に『逃走論』『ヘルメスの音楽』など。

★33 **『構造と力』**
浅田彰著、勁草書房、一九八三年刊。

★34 **ニューアカ・ブーム**
浅田彰の『構造と力』（一九八三年）と中沢新一の『チベットのモーツァルト』（一九八三年）が人文書界隈では異例の大ヒット作となり、従来の学問とは異なる知の胎動を見て取ったマスコミはそうした現象を「ニュー・アカデミズム」と命名。浅田、中沢のほか、栗本慎一郎、蓮實重彥、柄谷行人らが一般的にこの潮流の牽引者とされる。

★35 **蓮實重彥**（はすみ・しげひこ　一九三六～　）
フランス文学者、評論家。著書に『表層批評宣言』『物語批判序説』など。

吉見　そう。その世代が一九七〇年前後に教員になって、やがて私たちの世代が大学に入学する。だから私の世代は、彼らの影響を存分に受けた。二〇歳以上の開きがあるけど、そこには継承関係がある。

大澤　たとえば、吉見さんたちが院生だった時代には、領域横断的な研究会がぽこぽこと立ちあがっていた印象があります。インディペンデントな学術雑誌や研究同人誌も多かった。社会学系の『ソシオロゴス[★38]』や言語研究会にしても、どこかそうした時代の空気を共有していた。このことはグランドセオリー[★39]の有無に関係していますが、たしかに上の世代の精神を継承しているという側面もあったでしょうね。

吉見　けれども、この継承関係は歴史の偶然の産物で、時代特殊的なものかもしれません。同様のことがいつ再び起こるのかというのは面白い問いで、一九三〇年代生まれのような世代が再び登場するには、既存のエスタブリッシュ[★40]された価値が劇的に崩壊し、なにをやってもいいんだというような自由な状況が再び生じる必要があるのかもしれません。それを、戦争や大災害ではなく可能にするものが必要ですね。大学は、そうした場になりうるでしょうか。

大澤　各学問領域が専門性を高めるとともに、どんどん自閉化していっている状況がありますから、かなり厳しいんじゃないかというのが正直なところです。教員の側も自身の研究スタイルは超域的でアクロバティックであっても、院生を指導する

★36 **六〇年安保**
第2章、註91を参照。

★37 **全共闘**
第2章、註88を参照。

★38 **『ソシオロゴス』**
「すべての社会学者に開かれた学術雑誌」として一九七七年に創刊。ソシオロゴス編集委員会が主催し、年一冊のペースで刊行を続けている。

★39 **グランドセオリー**（grand theory）
第1章、註85を参照。

★40 **エスタブリッシュ**（establish）
樹立する、確立する。

ときになると、範囲を区切ってより効率的で堅実な方向へともっていってしまう。就職するためには手広くやっていられない現状があると知っているからですね。そのダブル・スタンダードが悪循環を生んでいる。自由な研究同人誌の文化も壊滅したといっていいでしょうね。その手の雑誌に文章を載せてもキャリア上のポイントに換算されないので。でも、これだとディシプリンのシャッフルはおこりえないし、パラダイムをひっくりかえすようなイノベイティブな研究も出てこない。

吉見　そうなんですよね。

大澤　だからこそ、吉見さんは大学という制度の内部にジャンル横断的な構造を意識的に設計していく必要があるという立場をとっているわけですよね。

吉見　世界のなかでの日本経済が後退するなかで、なぜか私たちの知的営みも小さくなっています。大学組織は定員削減や雇用の流動化で冒険がしにくくなっている。それぞれの学部や研究科も、自分の組織を守ることに汲々としている。

大澤　政治家たちが目をつけた課題にキャッチアップしないと予算がもらえないと考えている。政治家たちはその学問についてはずぶの素人なのに。国立大学法人化★41が典型ですが、二〇〇〇年代には第三者評価による競争原理が大きく導入され、大学にも新自由主義の流れが押し寄せました。

吉見　先生方も、かつてのようなハチャメチャな人が少なくなって、どんどんお行

★41　**国立大学法人化**　国立大学法人法が二〇〇三年に成立し、全ての国立大学は〇四年四月一日に国立大学法人に移行した。

儀がよくなり、いわば小粒化している。研究者の「官僚」化が進みます。しかし、それでは二一世紀の新しい価値を大学から創造していくことは不可能です。

大澤　研究業績のポイントを手堅く稼いでいて、事務処理もしっかりでき、とにかく品行方正でお行儀がよい人しか教員に採用されない、そんな現状が小粒化の傾向を加速します。そうやって教員になった人間が次の世代を育成し、また新たな教員を採用する。これでは構造的に大粒化しようがない。

3　とある改革私案

吉見　大学が自由な知の場となることは、必ずしも大学教員が自由に教育をすることではありません。かつての教養教育には、人文科学と社会科学と自然科学の三つのカテゴリーがあって、ここまでは横断的な体制でなくてはいけないという枠が設けられていた。これは、占領期[★42]に導入された「戦後レジーム」です。ところが先生方は、もっと自由度が必要と主張した。そこで規制緩和、つまり戦後的な枠を解除するから独自にカリキュラムを組みなさい、となった。すると、それまで教養教育を担当していた教員は、自分にも専門分野がちゃんとあるのだからと、そちらの教育をメインですることになった。その結果、多くの大学で教養教育が弱体化した。

★42　**占領期**
ポツダム宣言による降伏文書に調印した一九四五年九月二日から、サンフランシスコ講和条約が発効し、連合国による日本占領が終わった五二年四月二日までを指す。講和条約発効により日本は主権を回復したが、沖縄や小笠原諸島、奄美群島は本土復帰が実現するまでアメリカの施政下にあった。

つまり、大学の自由と教員の自由は異なるのです。学生の視点から大学の自由とはなにかを考える視点が欠けていた。

大澤 さらに、大学院重点化★43の議論が出てくると、多くの教員は大学院組織へとなだれ込んで行って、専門科目を教えるようになる。

吉見 いうまでもなく、一連の大学改革に関して文科省にも悪いところはあります。けれども、文科省が教養教育をつぶしたという単純な図式はかなりまちがっている。教員たちがみずからの手でつぶしていった面も大きい。

大澤 大学院重点化の導入のときも、院生数を増やせば予算が増えるが、そうするかしないかは各大学の自由だったわけですしね。予算が多い選択にシフトするのは必然ではある。けれど、義務ではなかった。もちろん、それを事実上の強制だと見ることはできる。

吉見 とくに日本の国立大学は、大学を学生の視点から学びのシステムとして捉える視点が弱く、教員や教授会があまりに多くの実質的な決定権を保持しすぎています。だから、意思決定がどうしても教員組織の目線でなされていく傾向が強い。そう考えてくると、じつは大学に必要なのは教員中心に成り立っている構造の自己改革でしょう。自分たちの組織の既得権益の擁護と背反することを、大学教員みずからができるかどうか。そこが問われています。

★43 **大学院重点化**
一九九〇年代に政府は「世界的水準の教育研究の推進」をうたい、学部の定員はそのままで大学院の定員を増やした。これにより多くの博士号取得者が生まれたものの、ポスト不足のためにその少なからぬ部分が「高学歴ワーキングプア」となり、政策の弊害が広く知られるようになった。

大澤　ただし同時に、自分たちの決定権をちゃんと維持する必要もある。それにしても、教員たちはそんなにも教養教育をしたくないものなんでしょうかね。僕なんかはそっちのほうが腕の見せどころと思ってしまう性分なのだけど……。

吉見　教員の大半は、専門分野で評価されたいと思っているはずですよ。

大澤　いまの大学教員には、研究はもちろんのこと、というよりもそれ以上に、教育での成果をあげることが要求されています。そして、そのうえにさまざまな事務仕事が覆いかぶさっている。

吉見　外部資金[★44]の獲得や入試業務、各種委員会や雑務、すでに担当している授業だけで忙しすぎて、もう手一杯でしょう。

大澤　むしろ、事務仕事のあいまに教育をし、さらにそのスキマ時間に研究をしているというのが実態ではありますね。ほとんどアクロバットのような業務形態。

吉見　大学の先生といえば、人格的にすぐれているけど世間知らず、浮世離れした人たちだなんていう誤解がいまだに世間にはある。それで、大学はそういう学問の府なのだから、専門家の先生たちに改革を任せるのが一番だと。この認識はまちがっています。たしかに研究能力は一定水準以上です。けれども、だからといって教育者としてすぐれているとはかぎらない。大学を改善するための仕組みをうまくデザインできるとは、なおのことといえない。しかし他方で、大学は神聖な学問の府だ

★44　**外部資金**
国や独立行政法人から配分される補助金、地方公共団体や民間企業から提供される研究資金など、大学が外部から獲得してくる研究資金。

という幻想が崩れると、大学の先生たちはなにもできないのだから、外から世間のことがわかっている経営者が介入して大学をもっと「役に立つ」ものに変えていくしかないとなる。この認識もまちがっています。

大澤　一九三〇年代に河合栄治郎[★45]が教育分野の教授職と研究分野の教授職とを分離させてはどうかと提案したことがあります[★46]。それを三木清[★47]なんかは研究をしている姿を見せることが教育なのだからと批判していた[★48]けど、いまならちょっと検討してみてもいいのかもしれません。よくある議題ですが。けっきょく、研究分野の教員を希望する人ばかりでしょうかね……。そんなことない気もする。

吉見　私は学部時代に見田宗介先生のゼミのほかに、村上泰亮[★49]先生のゼミにも出たんですが、リーディング・アサインメント（授業用必読文献）がきっちり用意されていました。毎週必ず三冊読ませる。

大澤　完全にアメリカ式の授業スタイルですね。

吉見　英語文献の場合はさすがに一冊まるごと読むのは大変なので、一章分だけなんだけど、それでもみんなひいひい言いながら読んでいました。

大澤　まさに身をもって研究者の最低水準を体験させるわけですよね。これだけ読まないといけないんだと。研究者にかぎらず、強制的な読書が山積みになる時期は重要ですね。それを経ないとどうしても視野狭窄になる。いま、そうしたトレーニ

★45 **河合栄治郎**
第2章、註64を参照。

★46 **提案した**
河合栄治郎「大学改造論」（『経済往来』一九三四年二月号）での議論を指す。

★47 **三木清**
第2章、註7を参照。

★48 **批判していた**
三木清「論壇時評」（『読売新聞』一九三四年一月三〇日）での議論を指す。

★49 **村上泰亮**（むらかみ・やすすけ　一九三一〜九三）
経済学者。著書に『新中間大衆の時代』『反古典の政治経済学』など。

ングを積ませる場は大学院くらいになっています。下手をすると大学院でもやらなくなっているんじゃないでしょうか。

吉見　大学の一つ一つの授業が、学生に対して厳しくしていくことは必要なことだと感じています。ただし、その場合、授業の数を圧倒的に減らさないと不可能です。

大澤　そうなんですよね。ほかの授業の課題もたくさんあるだろうからと、教員の側がつい手加減をしてしまう。それで、学生の側はなんとなく受講していれば「可」くらいはゲットしてしまえる。授業削減について具体的なイメージはありますか。

吉見　日本の大学のよくない点は、個々の授業が個々の教員の負担に押しつけられていて、一つの授業で取得可能な単位数が少ないことです。一つの授業をクリアすると半期で二単位になりますよね。

大澤　一単位にしかならないものもありますね。

吉見　それをたとえば六単位ぐらいに増やす。

大澤　思い切りましたね（笑）。授業のクオリティーを維持するには、そのくらいの改革に踏み込まないとダメなのかもしれません。

吉見　そのかわり、一つ一つの科目を現在よりもずっと重いものにする。教育資源を少ない科目に集中させ、ＴＡ[★50]をちゃんと配置し、課題をこなせなかった学生はち

★50　ＴＡ
ティーチング・アシスタント（teaching assistant）の略。大学院生に授業や実験など教育上の補助を担わせ、教育現場でのトレーニングの機会を提供するとともに、大学教育の充実を目指す制度。大学院生の処遇改善の狙いもある。

ゃんと落とす。評価方法も絶対評価ではなくて相対評価に切り替える。「A」や「優」は、全体の××パーセントだけというぐあいにして、高スコアを乱発しない。
大澤 相対評価は全国の大学で徐々に導入されつつありますね。
吉見 ただ、反対も多いですよね。授業の管理化だと。
大澤 僕個人もじつはそう感じる側面もあります。
吉見 けれども、成績は大学教育と世間の目線が接する肝要な部分で、大学の成績の社会的評価をもっと確立する必要があると私は思います。
大澤 GPA★51の導入もその一環でしょうね。ただ、就活にあたってGPAで測定されたときに自分のところの学生が不利にならないよう必要以上に厳しい点をつけすぎないほうがいいのではという意見もある。いずれにせよ、授業数を削減した場合、教員の側の一つ一つの授業へのコミットメントの仕方も度合いも変わるでしょうね。
ところが、教員をとりまく環境はむしろ逆方向に進んでいる。講義の半年前には、一五講分の内容を詳解したシラバスを作成しなければならず、可能なかぎりそれにそって半期一五回を粛々とこなす。近年では、各回どのくらいの時間の予習や復習が必要なのかまで細かく指定するフォーマットになっています。授業評価アンケート★52ではシラバスどおりに進んだかが問われる。すると、どうしても機械的にならざるをえない部分が出ますよね。進行状況に応じて大幅にアレンジすることが心理的

★51 **GPA**
grade point average の略。アメリカの大学で広く導入されている成績評価法。成績を五段階で評価し、これに〇〜四のポイントに換算、これに各科目の単位数をかけて、総単位数で割ったもの。

★52 **授業評価アンケート**
授業の進め方などについて学生が

にやりづらい。また、休講が発生すれば、その分の補講をきっちりおこなう。

吉見　あきらかに過重負担ですね。シラバスの精緻化は私も必要だと思いますが、その前提として、教員の担当科目数が激減していなくてはならない。科目数が多く、サポート・スタッフもいない状態での負担増は逆効果です。まずは条件を整備することが必要です。

大澤　もしその方向で改革が進めば、学生が個別に教員と接する時間も密度も増すでしょうね。竹内さんとの対談（第2章）で、かつての濃密な師弟関係の話が出たんですが、あそこまでではないにせよ、人的なつながりはあったほうがいい。それに、授業間の横の連繋ももうすこしはとれるかもしれない。

吉見　学ぶ意欲のある学生のためにこそ大学は存在しているわけですから、それを第一にシステムをつくらないといけない。

大澤　教養形成を考えるとき、大学の外側での経験も重要だと思います。その点についてはいかがですか。

吉見　私の場合、学生時代に劇作家・演出家の如月小春さんから大きな影響を受けました。必死になってがんばっても周りがついてきてくれなかったり、観客にまったくウケなかったりと挫折だらけでしたが、そこで体験したことや学んだことがかけがえのない肥しとなっている。そんな私個人の経験に即していえば、いまは大学

教員を評価するアンケートのこと。より質の高い教育をおこなうために学生の声を授業に反映させるという目的がある。基本的に半期ごとに実施される。

の内部で社会と接触できる回路がひどく凡庸になっているんじゃないでしょうか。社会と接するとなると、インターン★53やベンチャー、就職後にすることを早めにするという面ばかりが強調されている。もっと冒険的に、クリティカルに社会とかかわる回路が必要。

大澤 吉見さんとしては、その部分も大学にうまく取り込んだデザインにしたいわけですね。

吉見 海外へ行っていろいろな実践をすること、インターンとして仕事をしてみること、地域の活動に参加すること、ボランティアをすること。若い学生にとってそうした経験は決定的に重要です。それは社会人の準備になるから重要なのではなく、むしろ社会人になってからではできないことが学生ならできるから重要なのです。

大澤 そこで問題となるのが、大学側がどこまで設計すべきなのかということです。このコースを履修すれば、こんなふうに社会で役立ちますよと手とり足とり提示すべきなのかどうか。周到なお膳立てが教養の衰退につながる側面もあるので。もちろん反対に、がっちり整備することによって教養の衰退をぎりぎり食い止めるのだと考えることもできる。それどころか、むしろこれによって教養を身につけることがより確実になると考えることだってできる。

吉見 どちらかというと、私は三つ目の考えですね。すでに確立されたものとして

★53 **インターン**
学生が将来の職業選択に活かすため、企業で実際に就業体験をすることをインターンシップ(internship)といい、その研修生のことをインターンと呼ぶ。

★54 **ゲバ棒**
デモや闘争の際に武器として用いられた角材を指す。「ゲバ」は「暴力」を意味するドイツ語「ゲバルト

教養が存在するのではなく、一定の基盤的な条件を大学が整え、学生がそれぞれの実践のなかで発見していくものだと思います。

大澤　ただ、吉見さんが学生のころは、興味があれば自分で大学の外へ出かけて行って、演劇なり何なりを勝手にやっていた。そんなふうにして、総合的な教養力が培われていた。

吉見　もうすこし上の世代だと、それがヘルメットかぶって、ゲバ棒★54を持って学生運動をすることだったりしたわけね。

大澤　教養主義もそうで、大学での課題とは別に勝手に読書する行為こそがそれを支えていた。

4　第三の大学の誕生？

大澤　以前、「がん哲学外来」★55というプロジェクトを立ちあげた樋野興夫★56さんと対談したんですが、新渡戸稲造★57やプラトン★58など哲学者の固有名が会話のなかにあれこれ出てくるんです。訊《き》けば学生のころに岩波文庫をひたすらお読みになったんだそうで。医学部での勉強や研究や実験とはまったく別の読書が巡り巡って、いまの活動のベースになっている。

(gewalt)」の略。

★55 **「がん哲学外来」** がん患者やその家族と医療現場の間にある「隙間」を埋めるべく、科学としてのがん学を学びながら、哲学的な考え方を取り入れていくという立場。

★56 **樋野興夫**（ひの・おきお　一九五四〜　）医学博士。二〇〇八年に「がん哲学外来」を開設。著書に『がん哲学外来へようこそ』『いい覚悟で生きる』など。

★57 **新渡戸稲造**（にとべ・いなぞう　一八六二〜一九三三）教育者、思想家。著書に『農業本論』『武士道』など。

★58 **プラトン**（Platōn, BC. 428 or 427-BC348 or 347）古代ギリシアの哲学者。著書に『ソクラテスの弁明』『国家』など。

吉見　そうしたかたちの教養知がしっかり成立したのは、ぎりぎり一九八〇年代ぐらいまででしょうかね。

大澤　まさに、八〇年代前半に席巻したニューアカは最後の教養主義だったといってもいい。僕は「昭和後期教養主義」と呼んでいます。どこか教養主義のパロディなんだけれど、本を読まないといけないという切迫感はまだ機能していた。

吉見　ある時代までは、国民的な教養として、みんなに共有されなければならない知があるんだという考え方が、大学をとおしてだけではなく、マスメディアを通じてもひろく浸透していた。その基盤には国民国家というフレームがあった。そのうえに出版産業が乗っかって、教養知が国民的に共有されていたわけです。大学の専門教育はそうしたベースがあってこそ成り立つ構造になっていた。

大澤　「教養の時代」は「国民国家の時代」であり「出版の時代」であった。

吉見　だけど、八〇年代あたりから、その基盤をなしていた国民国家というフレームそのものが崩れていく。

大澤　それを裏づけるように、アカデミズムでは九〇年代に国民国家批判が展開されましたね。

吉見　そう、私もそれに大いに加担しました。「想像の共同体★59」を批判してきたのですが、しかしその「共同体」がだんだん機能しなくなっていた。

★59 **想像の共同体**　ベネディクト・アンダーソンが『想像の共同体』（原著*Imagined Communities*は一九八三年刊）のなかで提起した概念。他の大多数のメンバーと直接的な関係を持たないにもかかわらず、ネーション（国民・民族）としての連帯感が成立しているのは、国民という共同体がメンバーの想像力のなかにあるからだとした。このような「想像の共同体」は近代の産物である。

★60 **ベネディクト・アンダーソン**（Benedict Anderson, 1936-2015）

大澤　現在のアメリカの大学はどちらかというと国民国家ではなくグローバル資本と結託するかたちで活路を見出している。

吉見　ポスト国民国家型の大学になっている。

大澤　ベネディクト・アンダーソン★60は、出版資本が国家単位での想像力の供給源になるといったわけですが、その部分も機能不全をおこしはじめる。

吉見　そう。しかも、情報環境のデジタル化が進んだことによって、若い世代を中心に、わざわざ本を読まなくても「ネットで十分」という認識になった。以前であれば百科事典に頼っていたところが、いまやウィキペディア★61にアクセスすれば、たいていのことはわかってしまう。

大澤　新しいメディアがネーションワイドの情報源を独占するようになりました。ネーションワイドどころか、トランスナショナル★62な情報までも呑みこんでいく。すると、既存の出版の位置づけや機能は変化していかざるをえませんね。

吉見　出版メディアによる教養知の再生産システムが崩れてきた。

大澤　だとすれば、かつてであれば大学の外部に確保されていた、関心のおもむくまま知識や教養をひろげるという営為を今後はどこが支えることになるのか。吉見さんは、それができるのはいまや大学の内部なんだとおっしゃるわけですね。

吉見　すこし前にマスコミで大きく取りあげられた、文科省の「文系学部廃止★63」と

米国の政治学者。『想像の共同体』以外の著書に『言葉と権力』『比較の亡霊』など。

★61 **ウィキペディア**（Wikipedia）
非営利団体ウィキペディア財団が運営するインターネット上の無料百科事典。世界各国の言語で展開されている。記事の投稿や編集は誰でもできるため誤りが含まれている可能性もある。

★62 **トランスナショナル**（transnational）
国境を越えて、一国の利害や枠組にとらわれないこと。

★63 **文系学部廃止**
二〇一五年六月に文部科学省が各国立大学の学長に出した「国立大学法人等の組織及び業務全般の見直しについて」の通知をきっかけに、「国が文系学部を廃止しようとしている」と大きな波紋を広げた。

いう問題にしても、怒りの声をあげるだけでなく、大学自身が新たな時代の知の基盤となるにはどう変わらなければならないのかをもっと議論すべきでした。

大澤　吉見さんが緊急出版された『「文系学部廃止」の衝撃』は、まさにそのための呼び水となる本でした。

吉見　専門スキルを身につけるための教育機関としてではなく、踏み込んでものを考えたり実践したり、批判的に思考したりといったことができるようになるための基礎能力を身につける装置として、大学にはまだまだやるべきことがあるはずです。

大澤　近代の国民国家を維持するうえで、大学は出版とならんで重要な役割を果たしてきました。そのプレゼンスは、出版の衰退と反比例するように今後大きくなっていくのかもしれないし、もろとも衰退するかもしれない。どちらでしょうね。

吉見　大学は国民国家よりも出版よりも古い歴史をもっています。けれど、じつは国民国家の成立期に、大学は出版ほど重要な役割を果たしませんでした。むしろ、死んでいた。国民国家が確立してから、それに支えられて復活した。ですから、大学はもう一度、死ぬかもしれない。

大澤　そのあたりの歴史は、『大学とは何か』[★64]で丁寧に整理されていますね。一七、一八世紀、多くのヨーロッパの人間たちは大学のことをすでに時代遅れの制度だと見ていた。近代知としての自然科学や人文主義が新たに台頭してくるときに、すで

★64 **『大学とは何か』**
吉見俊哉、岩波新書、二〇一一年刊。

★65 **ジャック・ル・ゴフ**（Jacques Le Goff, 1924-2014）
アナール派を代表するフランスの中世史家。著書に『中世の高利貸』『聖王ルイ』など。

★66 **『中世の知識人』**
原著 *Les intellectuel s au Moyen Âge* は一九五七年刊。岩波新書版は一九七七年刊。

に大学は周縁的な存在となっていて、それらはむしろ大学の外で発展していったのでした。

吉見　いつが第一世代の大学の旬だったのか。それは一二世紀から一四世紀にかけてでしょう。

大澤　中世ヨーロッパですね。このあたりは、ジャック・ル・ゴフ★65の『中世の知識人』★66などに詳しい。

吉見　この時期ヨーロッパでは、大学は知の中枢として機能していました。

大澤　草創期の大学はどこも教授言語はラテン語で統一されているし、カリキュラムも共通性が高かった。資格もちゃんと使えた。だから、教師や学生たちは都市から都市へといくらでも自由に移動することができた。そのネットワークを背景にヨーロッパ全土に大学が増殖していったわけです。ところが、宗教戦争と領邦国家はそれを終焉させてしまう。

吉見　そして、一六世紀にはグーテンベルク★67による活版印刷術★68の発明によって、手書き文化から印刷文化へと移行するという決定的な革命がおこる。この印刷革命★69のころから大学は徐々に重要性を失っていった。そして、一七、一八世紀には死をむかえてしまう。いわば「都市ネットワークの時代」から「印刷メディアの時代」へと学知の基盤が大きく変化していきました。

★67 **グーテンベルク**（Johannes Gensfleisch zur Laden zum Gutenberg, 1398頃-1468頃）
活版印刷術の創始者とされる。

★68 **活版印刷術**
活字を組んだ版（活版）を用いて印刷する方式。以前の印刷は、一枚の板に文字を彫る木版などのように文字の差し替えが難しかった。それに対し、活版は文字の組み換えが格段に容易。

★69 **印刷革命**
グーテンベルクが活版印刷術をはじめて以来、印刷技術が社会に及ぼした影響のこと。活版印刷術の誕生により、手書きの写本と比べて安定したテクストの大量生産が可能となった。グーテンベルクが『四二行聖書』を印刷したことで、一部の独占的な書物だった聖書が少しずつ社会に流通することになった。

大澤　近代知の初発の拠点は大学ではなく印刷だった。個別分野に関しても、アカデミーや専門学校が重要な役割を果たします。いずれにせよ大学ではなかった。

吉見　そこからの復活は、一九世紀初頭のドイツでなされました。研究と教育を一致させるという「フンボルト理念」★70によってですね。

大澤　その嚆矢《こうし》がベルリン大学★71。

吉見　ナショナリズムの高揚を背景に誕生した、ドイツ発の国民国家型の新しい大学概念は二〇世紀をつうじて世界中にひろがりました。大学の「第二の誕生」です。

大澤　ようするに、大学は一度死んだ過去をもつ、そのことをいまあらためて確認せよと。

吉見　そうです。死んで、再生したのです。もしこのさき、ふたたび大学が死んだとしても、かつて復活を遂げたように再生の道はありうるのではないか。つまり、「第三の誕生」があるはずです。

大澤　「第一の大学」は中世都市の大学で、「第二の大学」は近代の国民国家型の大学ですね。

吉見　そして、現在、グローバル・ネットワークがひろがりゆくなか、どのような大学に生まれ変わるかが問われています。歴史をふまえた議論から、おのずとその答え、つまり「第三の大学」の姿が見えてくる。それはつまり、地球社会の大学で

★70 **フンボルト理念**
近代大学の出発点は一八一〇年創設のベルリン大学にあり、この大学は「フンボルト理念」に基づいて創設されたとされる。フンボルト兄弟のうち、兄のヴィルヘルム・フォン・フンボルト（Wilhelm von Humboldt, 1767-1835）は哲学者、言語学者、政治家、行政官。弟のアレクサンダー・フォン・フンボルト（Alexander von Humboldt, 1769-1859）は自然科学者、博物学者、探検家。

★71 **ベルリン大学**
一八〇九年、プロイセン国王フリードリヒ・ヴィルヘルム三世がベルリン大学設立の勅令を発布し、翌一〇年に設立された。「教授の自由」と「学習の自由」を理念とし、初

す。だから、そこでいう教養知は、中世のリベラルアーツ★72でもなければ、近代国民国家の教養知でもない。構造的にそれらとは異なったものになる。

大澤　かたや、出版も死をむかえつつあります。軽々しくこういう言葉を発して予言の自己成就★73になってもいけませんが、危機に瀕していることはたしかでしょう。いまおっしゃった「大学の再生」とおなじように、出版も新たな生きなおしをはかるべきときですね。

吉見　そのとおりですね。

大澤　しかし、そのためには一度、だれかが近代国民国家を前提とした出版の時代は終わったのだと宣言しなくてはならない。そのうえで、次のフェーズへと移行すればいい。新時代に対応するにはデジタル化だという話に直行しがちだけど、その前にもっと考えることがある。そもそも、出版はほんとうに必要なのか。もし必要なのであれば、どのように生きなおすのか。そういう根本の部分に議論を差し戻さないといけない。

吉見　知識が継承されていくうえで、信頼できる基盤は不可欠です。中世の段階では、活版印刷術はまだ登場していませんでした。だから、確実な継承には知識を共有できる人間に限定するしか方法がなかった。どんな時代にも不勉強や能力不足で学問的リテラシーが足りない人がいますから、そんな人間にいくら精密な知識を伝

代学長にはフィヒテが就任。近代大学のモデルとなった。

★72 **中世のリベラルアーツ**
中世ヨーロッパで必須とされた教養科目。文法、修辞学、弁証論（論理学）の三学と、算術、天文学、幾何学、音楽の四科からなる。

★73 **予言の自己成就**
予言や根拠のない情報を実際に生じ得ると人々が考え、行為することで、当初の条件が変化し、本来起こり得なかったことが実現すること。「もし人が状況を真実だと定義すれば、その状況は結果において真実である」というトマス（William I. Thomas, 1863-1947）の公理を、米国の社会学者マートン（Robert King Merton, 1910-2003）が発展させた。

えても、曲解してひろめてしまうかもしれない。知識の正確性を危うくしかねない。中世社会はそう考えて、そのリスクを防ぐために、修道院で修練を積んで一定のレベルに達した人間だけに限定して知識を伝授することを選択します。

大澤　大学という装置も基本的におなじ構造でした。学位授与が複雑なシステムになっていたのはそのためでもある。

吉見　ところが近代に入って、出版文化がそうした知の継承のあり方を決定的に変えます。一万部なり二万部なりといった単位で、同一の知識を複製し大量に流通させることが可能になった。

大澤　知識の担い手を限定する必要がなくなる。

吉見　一万部の本をつくると、たとえ七〇〇〇部が不幸にも失われたとしても三〇〇〇部は残るわけだから、この先、何百年かにわたって知が継承される。そう考えるようになりました。そもそも同一の文書が分散的に所有されるから、もはや秘伝化すること自体が不可能になる。

大澤　まさに、「知の革命」ですね。バックアップが可能になったことによって、クローズドソース型からオープンソース型へとモードが切り替わる。その結果、「知の世俗化」のプログラムがセットアップされる。

吉見　団体としての閉鎖性からネットワークとしての開放性へといってもいい。後者は市場の論理が支えることになります。万単位の人間が、おなじ知を共有する。それをベースに国民国家という「想像の共同体」も成立したわけです。

大澤　それから五五〇年経って登場したインターネットは、さらなる革命を知の世界にもたらします。知の伝達や共有の回路がかつてとは決定的に変わった。

吉見　インフラが様変わりし、デジタル・ベースになったとき、知が安定的に継承される仕組みはどのようなものなのか。そこがいまもっとも問われています。

大澤　ここをいまのうちにしっかり考えておかないと、これまでの知の蓄積がもろとも無に帰してしまう可能性がおおいにあると僕は思っています。つまり、技術革新によって無限にデジタルアーカイブ化することは可能になったんだけれど、その膨大な蓄積を解読するコードが散逸してしまうんじゃないか。「歴史の消滅」をつよく懸念します。

吉見　ある事柄について深く思考したり、新たな発見をしたり、問題解決を図るための議論をしたり、そういったおこないができるのは古代ギリシアのアリストテレス[★74]から連綿とつづく知の蓄積が参照可能だからですね。しかし現在、そのための基本的な枠組が急速に変化しようとしているのはたしかです。

大澤　教育はこのメタ知識の側面を考えさせる機会をもつべきです。

★74 **アリストテレス**
第2章、註145を参照。

5　フレーム構築力を身につける

大澤　ところで、僕は吉見ゼミに出席したことはありませんでしたが、毎年春に大学院のシラバスを見ると、吉見さん自身のお仕事を受講生たちに読ませて、批判させる形式をとってらっしゃいましたね。「吉見俊哉をたたきのめせ」というスローガンが掲げられていた。

吉見　あのスタイルにしたのは、大学院重点化の帰結として、一〇人程度だったゼミ生が、一気に三倍近くまで増えてしまったからです。以前は普通に英文の重要な原書をみんなで読んでいました。ところが重点化で院生数が激増し、関心も多様化し、レベルの差もかなり広がった。

大澤　大学院が学部の三、四年よりもレベルが低いなんてこともおこりますね。「大学院の大衆化」の代償です。

吉見　それまでなら当然読んでいただろう古典も読んでいない学生もいる。そうなると、特定のテーマの原書を全員で輪読はできない。しかし、学問的な方法論をとにかく身につけてもらう必要がある。では、どうすればいいかという問いに対する、私なりの答えがあのスタイルでした。

大澤　苦肉の策でもあったわけですね。

吉見　「アタック・ミー」という名称のこのゼミには、とにかく要約するな、質問するな、褒めるな、感想をいうなという、ないないづくしのルールがあります。議論のあら探しをしろ、ダメなところをいえ、それでもって徹底的に著者をいじめろという要求を出しています。論理の展開として、どこがダメなのかを指摘させる。

大澤　著者を目の前にして批判できるのは得がたい贅沢な機会ですよね。と同時に、相応の覚悟がいる。なにせ、その文章の水面下にあるあれこれの知識を著者はあらかじめもっているわけですから。ちょっとやそっとの仕込みで批判すると痛い目にあう。

吉見　方法としてどこがまちがっているのか、自分ならどう改善するのか、それを指摘させることで、方法論のトレーニングになると考えたわけです。

大澤　研究者だけではなく、社会人にも必要な能力ですよね。資料を読み込んで、穴を発見し、代案を提出する。あらゆる現場で要求されます。かりにそれを文系的な教養といってみてもいい。もちろん、理系は理系で、仮説を立てて、実験によってそれを検証していくという方法論が確立されているわけですから、そちらもあらゆる仕事に応用できる。

吉見　とすれば、理系と文系とのあいだにじつは根本的な差異はないんですよ。どちらも対象となる資料なり何なりの前提となるフレームを浮かびあがらせたうえで、どこに問題があるかを示す。自分ならどんなフレームを構築するのか仮説を立てる。その仮説に関して必要な材料を集めてきて適否の検証をする。

大澤　その連鎖こそが学問ですね。

吉見　ただ文系の場合は、一連のプロセスのうち、前半に重きをおく傾向がある。それに対して、理系の場合は後半に重きをおく。

大澤　いずれにせよ、新しいことをいうためにはそうしたプロセスを経る必要があります。学問のもつそうした「型」はどんな領域でも活かされうるものだと思う。丸山眞男がどこかでいっていたことでもありますが、スクールは「型」を身につける場として存在している。社会生活で生きてくるのはそうした基礎的な「型」なのであって、細かい知識や法則はそのサブとしてぶらさがっているにすぎない。

吉見　いまや膨大な情報が高速で行き交い、情報へのアクセシビリティも格段に高まっている。こうした社会で、創造的な仕事をするには、フレーム構築ができなければなりません。でないと情報の海におぼれてしまうだけ。

大澤　就活をはじめる段になって、自分は文学部だから不利なんじゃないかと弱気になる学生がいます。あるいは、オープンキャンパスで相談ブースに来る高校生の親子（そう、いまは親子で見学に来るのがふつうになっています）の大半がその手の質問をします。けれど、その認識は端的にまちがっている。少なくともいまはそこに有意はない。企業の採用試験の面接官をつとめる同世代の友人たちに訊くと、大学で専攻した内容よりも、どれだけ知的な読書をしてきたかとか、論理的な文章を書けるかとかを重視している。それはそうですよね。学部で習得した科目の知識なんて、現場からすればたかが知れている。それよりも、きっちりものを考える型を身につけていてほしいと希望するのは当然でしょう。人文系の学部はむしろその点で有利な場合すらある。

吉見　たとえば、文学部と工学部との入試の難易度が同程度であったとして、前者の就職率が低かったとしましょう。そのとき、「文学部」という名称のせいで就職率が伸び悩んでいると考えて、中身には手をつけず名称だけ変更してしまうことがあります。これはすべきではない。とりわけ、一九九〇年代から二〇〇〇年代にかけて、「現代文化学部」や「文化コミュニケーション学部」といった名称への変更が無数におこなわれました。

大澤　かつては四文字学部、最近は横文字学部をつくる傾向にありますね。そのうち、反動で元に戻すことになるんじゃないかと僕はにらんでいます。

吉見　日本の大学の場合、学部名は一九七五年段階で六九種しかありませんでした。「国際政治学部」などの学部が新設された一〇年後の一九八五年の段階でも八〇種。

一九九〇年で九七種。一〇〇に達していません。しかし、それ以降、学部名は急速に増えていきます。九五年には一四五種。

大澤 九〇年代に入ってからの伸び率がすごいわけですね。

吉見 さらに、二〇〇〇年には二三五種まで増加しています。二〇〇五年には三六〇種です。

大澤 五年のあいだに一〇〇以上も学部名が増えていると。

吉見 新設学部には、「社会イノベーション学部」「ライフデザイン学部」「ヒューマンケア学部」「シティライフ学部」などが含まれています。

大澤 カタカナ化は二一世紀に入ってからの傾向ですね。あまりいうと批判になってしまってよくないんだけど、最近はキラキラネーム化しつつあります。これは学部ではないけど、ある短大の「日本語日本文化（^^）コース」は「（^^）」という顔文字入りのインパクトがネットでも話題になりました。

吉見 ちなみに、学部名称数は二〇一〇年には四三五種に達します。九〇年の段階では一〇〇未満だった学部名が二〇年間で四倍以上に膨れ上がったわけですね。私はそれを「学部名称のカンブリア紀的爆発」と呼んでいます。いまから五億五〇〇〇年ほど前のカンブリア紀に、それまで数十種しかいなかった生物種が、突如として一万種まで増加した。あれと似た現象がおきている。

大澤　しかしこの場合、内実をともなわないまま、名称だけが記号的に増殖しつづける奇妙な現象としてある。
吉見　教育の構造を改革しなければ意味がありませんね。
大澤　日本はこのあたりでも形から入ってしまう。必ず劇的な淘汰の時代が来るでしょう。

6　専攻の二刀流主義を導入せよ

大澤　こう見てくると、大学における制度改革の成功事例はあるんだろうかと気にもなるわけですが。
吉見　たとえば、ICU（国際基督教大学）ですね。アメリカの教育システムのすぐれた点を取り入れて、経済学や社会学、政治学といった伝統的な分野から、ジェンダー・スタディーズ★75、カルチュラル・スタディーズ★76といった現代的な思想まで、学生たちが二つの専門を選択し、カリキュラム作成できるようにしました。
大澤　教養教育方面にシフトしているわけですね。
吉見　一人の学生を一つの学部や学科に押し込めておくのはやめるべきだと私は考えています。目指すべきは二刀流主義。つまり、メジャー（＝主専攻）／マイナー

★75 **ジェンダー・スタディーズ**(gender studies)
生物学的性を意味するセックス(sex)ではなく、社会的・文化的に構築された性であるジェンダー(gender)の視点からおこなわれる調査研究、理論構築の総称。

★76 **カルチュラル・スタディーズ**(cultural studies)
イギリスのバーミンガム大学に一九六四年に設立された「現代文化研究センター」Centre for Contemporary Cultural Studies(略称 CCCS)に端を発する、領域横断的な文化研究の総称。

（＝副専攻）制という仕組みを導入して、異なる分野の専門知を並行的に学べるようにする。積極的で優秀な学生には、ダブル・メジャー（＝二重専攻）制も用意しておく。二つの専攻科目が取得できるようにする。

大澤　欧米では一般的な制度ですが、日本はその点でも完全に遅れていますね。

吉見　工学部の学生がコンピューター・サイエンスを専攻するのと同時に法学部で知的財産権を学ぶとか、文学部の学生が中国の歴史を専攻すると同時に農学部で環境科学を学ぶとか、いろいろな組み合わせが可能になりますよ。

大澤　医療系の学部に所属しながら倫理学も専攻するなどの組み合わせも重要ですね。職業と教育をリンケージさせるというのであれば、まさにその方向で検討すべきでしょう。単体の学部や学問で対応できる職業なんてほとんどないわけですから。

吉見　その意味で、本当は文学部こそ、理系分野との専攻の複数化を率先して進めるべきですね。文学部だけに学生を押し込めておくのはよくありません。というのも、メジャー・マイナー制やダブル・メジャー制における二つ目の専攻として文学部ほど強力な学部はないからです。工学部や農学部、医学部などに進んだ学生が、もう一つの専攻として、長期的な視野でものごとを捉える歴史学や哲学、社会学を学ぶことは理想的です。大学の教育システムを複線化し、文理両方を平行して学ぶデザインにしていく。

大澤　文学部をはじめ人文系の学問の真価が発揮されるにはそうした制度改革が必要ですよね。変動期であることを前向きに捉えかえしていく。大学の歴史を遡ればわかるとおり、哲学はあらゆる学問の基盤となっていました。そもそも、そこに文理の区別はなかった。

吉見　そのとおりですね。コペルニクス★77は最初から天文学者だったわけではない。はじめに入学したクラクフ大学での専攻は神学で、神父になることが目的だった。しかし、当時の大学にはすでにリベラルアーツ科目★78があって、彼は数学や天文学も学んでいた。それで、ボローニャ大学に移って法学を学び、そののちパドヴァ大学では医学を学んで博士号を取得します。こうして、コペルニクスは複数の名門大学でリベラルアーツ科目のほか、法学、医学、神学を学んでいく。そして、故郷のポーランドに戻って聖職者となった。医師としても有名でしたが、他方、天文学にも入れ込んでいて、地動説を唱えるにいたったわけですね。

大澤　いまでこそコペルニクスは天文学者ということになっているけれど、それはいくつかある顔のうちのひとつだった。

吉見　大学を遍歴し複数の学問を修める。当時はそれが当たり前でした。

大澤　まさに、教養部がもっていた理念は、そうした修学スタイルにあったはずですね。ところが、さきほど吉見さんがおっしゃったとおり、教養教育が自由化され

★77　**コペルニクス**（Nicolaus Copernicus, 1473-1543）
ポーランドの天文学者、聖職者。当時主流だった地球を中心に考える天動説を大きく覆す、太陽を中心に考える地動説を唱えた。

★78　**リベラルアーツ科目**
本章、註72を参照。

た時点で、大学はそれを手放してしまった。その段階でなすべきはむしろ教養部の拡大だったのではないか。

吉見　同感です。さらにいうと、カレッジ[★79]をつくるべきでした。

大澤　というと？

吉見　日本の大学の場合、ドイツ型のユニバーシティ[★80]とアメリカ型のカレッジ＋グラデュエート・スクール（大学院）が混在する構造になっています。

大澤　戦前の帝国大学[★81]は基本的にドイツ型のユニバーシティでしたからね。すべて専門教育だった。アメリカはそもそも教養教育カレッジだったから、ユニヴァーシティ化するためには、あらためてグラデュエート・スクールを発明する工程が必要だった。

吉見　そして、教養教育は旧制高校でエリート教育として徹底しておこなわれていた。ところが、敗戦でアメリカが介入してきたとき、日本の高等教育システムを十分に理解しないまま、アメリカ型のカレッジとグラデュエート・スクールを導入したわけです。

大澤　そこが混乱の出発点。

吉見　東京大学が典型ですね。一、二年生には駒場の教養学部でカレッジ型の教育をおこない、三、四年生には本郷でユニバーシティ型の教育をおこなう。東大をは

★79 **カレッジ**(college)
単科大学。

★80 **ユニバーシティ**(university)
多くの学部をもつ総合大学。

★81 **帝国大学**
一八八六年の帝国大学令により、一八七七年創立の東京大学が帝国大学と改称されたのが嚆矢。その後、京都、東北、九州、北海道、大阪、名古屋、京城、台北に設立された。第二次大戦後の学制改革により廃止され、新制の国立大学となる。

じめ旧帝大では学部生の後半から、すでに大学院とおなじようにゼミなどの専門教育が実施されていましたから、大学院教育を強化するようアメリカにいわれて、当時の東大総長だった南原さん★82も困惑したはずです。

大澤 すでにやっていることじゃないかと。屋上屋を重ねることになる。

吉見 それで、大学院教育はあまり手をつけてこなかった。しかし、やがて大学院重点化が起き、ユニバーシティとカレッジ+グラデュエート・スクールの混成構造になってしまった。結局、屋上屋を重ねてしまった。

大澤 大学制度にかぎらずそうですが、日本は選択型ではなく折衷型でものごとを進めるんですよね。もともとのシステムを残したまま増築的に接ぎ木していくから、キメラのごときいびつなシステムができあがってしまう。

吉見 大学設置基準の大綱化★83の際に取り組むべきだったのは、大学の一般教養教育を世界水準に引きあげるにはどうすればよいかという議論だったはずです。ところが、さきほども言ったように、実際には教養教育を減らし、専門教育を増やすという選択をしてしまった。

大澤 その結果、教養教育が崩壊する。ほんとうはあのとき、教養教育と専門教育をどう組み合わせれば機能するのかをめぐるリデザインこそが必要だった。

吉見 その解のひとつが、カレッジ型の教育をもっと徹底させることです。大学一

★82 **南原繁**(なんばら・しげる 一八八九〜一九七四) 政治学者。著書に『国家と宗教』『政治哲学序説』など。

★83 **大学設置基準の大綱化** 大学を新たに設置する場合、学校教育法に基づき、文部科学省令に定められた一定の基準を満たさなくてはならない。その基準が大学設置基準であり、一九五六年に制定・公布された。九一年の大改訂では、「基準の大綱化・自由化」が目指され、諸基準の大幅な緩和と弾力化が図られた。

年のときに多分野を幅広く学び、学年が上がるにつれて少しずつそれをしぼり込んでいくのはいまとおなじです。ただ、三、四年生になったとき、一つではなく二つにしぼり込むようにする。カレッジの要素を最後まで残すのですね。それで、その二つを学生が適切に組み合わせていけるように、最初の二年間のカリキュラムを全学で周到に組織していく。できるだけ学部別のタテ割りの仕組みを廃して、水平方向の風通しをよくしていく。

大澤　はじめから単独の専攻にしぼり込ませないわけですね。ただし、鷲田さんとの議論（第1章）でも出たように、その水平のひらかれ方も注意しないと上澄みだけになってしまう。いろいろ経めぐったうえで、自分の進路に応じて選択できるよう設計しておく。

吉見　その際に、アドバイスする人間も必要です。教授たちは忙しくてそこまではできませんから、大学院生のＴＡと学部学生のつながりや、専門的なアドバイザー組織などを充実させていかないといけない。

大澤　そのときの理想的なもっていき方はイメージされていますか。

吉見　二つの専攻を組み合わせる場合、理系と文系の両方から選択したほうがいいでしょうね。冒頭でもいったとおり、工学的な知は比較的短期の目的を達成するための手段として役立つものが多い。それに対して、文系的な知は自分たちが当然視している価値を内在的に批判し、新たな価値を創造していくタイプのものが多い。

大澤　震災やテロもあって、文明論的なスケールでの思考が求められている。それなのに、どんどん短視眼的な思考が世界を覆っています。かぎられた資材がすぐ結果を出せる領域にばかり投入されてしまう。そして、人びとはファストでジャンクな情報で満足する。

吉見　理想は、持続可能で多様な社会をこれからは目指すべきだといった長期的なヴィジョンをきちんともったうえで、だから自分はこの仕事をするのだという人間が増えることですね。

大澤　そのとき、戦略的に遠近両眼をもっているといい。

吉見　まさに。どちらかといえば理系は「近」で、文系は「遠」ですから。文系が「遠」であることの一例をさらにあげると、産業革命以降、人文社会科学はテクノロジーがヘゲモニー★84をもつことの問題点をあきらかにしてきました。一九世紀末から二〇世紀前半にかけて活躍したマックス・ウェーバー★85にとって、「価値」★86という概念が重要だったのはなぜか。それは資本主義がひたすら自己展開したその先に出口があるのかどうか、彼なりに考えた結果でもあると思う。社会は機能的なシステムとして回っているだけではなく、価値や文化といった剰余を必ず抱え込んでいて、私たちはそれについて考えざるをえません。

★84　**ヘゲモニー**（hegemony）
第2章、註24を参照。

★85　**マックス・ウェーバー**
（Max Weber, 1864-1920）
ドイツの社会科学者、思想家。著書に『プロテスタンティズムの倫理と資本主義の精神』『職業としての学問』など。

★86　**価値**
マックス・ウェーバーは、社会科学の客観性に関わる重要な概念として「価値自由」を掲げた。社会科学者が社会的価値判断から逃れて客観的な立場に立てるという意味ではなく、研究者の価値判断に基づく主観的な視点を前提としつつも、「それに囚われない」という水準においては考察が可能であるということを示している。

大澤　大学教育でもその剰余こそを考える。

吉見　それと同時に、理系的な手段的合理性も働かせられる人材を育てるべきですね。「教養のための教養」では意味がない。

大澤　昭和期に入って、三木清はかつて自分がどっぷりつかっていた文化主義的な教養である大正教養主義[★87]を徹底的に批判して、「政治的教養」や「科学的教養」を提唱していますが、あれもまさに「教養のための教養」を批判する文脈でした。

吉見　かつてのカルチュラル・スタディーズが攻撃の対象にすえたのも「教養のための教養」でした。

大澤　「文化＝教養」批判ですね。ある意味で、九〇年代のカルチュラル・スタディーズは、八〇年代のニューアカ的なものの延長にありながら、それへの批判でもあった。一九三〇年代の政治的教養が二〇年代の文化的教養のなかから出てきて、それへの批判によって成立していたことと完全にパラレルな関係にある。

吉見　なるほど。それから、カルチュラル・スタディーズは近代国民国家とそのナショナリズムを批判対象としていました。ネーションの基盤はカルチャーによって形成されるわけですから、レイモンド・ウィリアムズ[★88]であれスチュアート・ホール[★89]であれ、階級やジェンダー、エスニシティ[★90]などの概念を導入しつつカルチャーという神話を解体していった。日本でそれは、「日本文化」や「教養」といった概念の

★87　**大正教養主義**
第2章の議論を参照。

★88　**レイモンド・ウィリアムズ**（Raymond Williams, 1921-88）
イギリスの批評家。著書に『政治と文学（*Politics and Letters*）』（未邦訳）、『文化と社会』など。

★89　**スチュアート・ホール**（Stuart Hall, 1932-2014）
イギリスの文化理論家。カルチュラル・スタディーズの代表的理論家。著書に*The Hard Road to Renewal*（未邦訳）、*Ideologie, Identität, Repräsentation*（未邦訳）など。

★90　**エスニシティ**（ethnicity）

内在的な解体を図るというかたちで表れました。

大澤　ある特定のパラダイムのなかでキャノナイズ[★91]されてきたもろもろの概念を脱構築していく。

吉見　しかしいまや、その前提が崩れてしまった。グローバル資本主義が進展するなか、大学教育や知の機能主義化が進んでいます。

大澤　内在的に問いかえされるべきはまさにそこですね。さらにいうと、カルチュラル・スタディーズはそれがひろく認知されて以降の後続世代の研究者になると、「ためにする批判」というか、論文量産のためにする結論先行の議論が横行してしまった。カルチュラル・スタディーズの機能主義化とはなんとも皮肉な事態です。

7　エンサイクロペディアへの回帰

大澤　吉見さんも一時期注目してらっしゃったけれど、昭和戦前期の戸坂潤[★92]にはカルチュラル・スタディーズの元祖といった側面があるんじゃないでしょうか。

吉見　たしかにそういえそうですね。

大澤　戸坂は京都帝国大学を出たあと、三木清たちにつづいて上京して、一九三〇年代にジャーナリズムの世界に躍り出ました。僕の『批評メディア論』[★93]でも終盤に

エスニック(ethnic)から派生してつくられた概念。エスニック集団を形成する核となる自己意識を指すもので、主観的、客観的に構成される。何がエスニシティであるかは、人びとが自ら所属するエスニック集団をどのように意識するかによって決定される。

★91 **キャノナイズ**(canonize)
正典化すること。

★92 **戸坂潤**
第2章、註13を参照。

★93 **『批評メディア論』**
大澤聡著、岩波書店、二〇一五年。

引用しましたが、彼は「紙上インターカレッジ」という表現を使っている。アカデミズムでもジャーナリズムでもない、いわばそれらを融合したような第三極としての「紙上インターカレッジ」。一九三二年には、民間団体として唯物論研究会[★94]も設立しています。人的なネットワークをリアルな空間に構築しつつ、それをテコにして、大学アカデミズムや出版ジャーナリズムと拮抗しうる拠点を練りあげようとしていた。

吉見　中井正一[★95]もおなじような問題意識のもと、一九三〇年に『美・批評』[★96]を創刊しましたね。

大澤　そう。かつて、戸坂や中井が思い描いていたヴィジョンは一九四〇年代に入ると途絶してしまいます。あの未完のプロジェクトをどうにか再生できないかと僕は考えているんです。

吉見　一九三〇年代のもっとも創造的な学知はそうした大学から排除された人たちによって担われていました。また、三〇年代は研究会の時代でもあった。「研究会」を英訳すれば「エンサイクロペディア」になります。一般的には、エンサイクロペディアは百科事典のこととされているけれど、それだとこの言葉の一部しか表現できない。「エンサイクロペディア（Encyclopedia）」の語源とされるギリシア語の「エンキュクロパイデイア（egkuklopaideía）」は、「円環の」を意味する「キュク

★94 **唯物論研究会**
一九三二年に戸坂潤、三枝博音（ひろと）、岡邦雄らを中心に、唯物論の研究と啓蒙を目的として創設された団体。

★95 **中井正一**（なかい・まさかず　一九〇〇～一九五二）
美学者、評論家。著書に『美学入門』『美と集団の論理』など。

★96 **『美・批評』**
映画をはじめ、美学・芸術に関する雑誌として創刊。三年後の一九三三年に滝川幸辰京大法学部教授への弾圧事件が起き、滝川教授擁護運動を担うなかで、一時休刊。翌年に復刊し、一九三五年に『世界文化』と改題。

★97 **西周**
第1章、注88を参照。

★98 **明六社**

ロス（kúklos）」と、「子ども」や「学び」を意味する「パイドス（paidós）」が合成された語です。だから、直訳すると「円環をなす学び」となる。

大澤 明治のはじめに西周[97]は、この単語を「百学連環」と訳しました。

吉見 百の学が連環をなしている状態。すばらしい訳語だと思います。

大澤 西周はその後、明六社[98]に参加することになるのですが、『明六雑誌』[99]はまさに日本の初のエンサイクロペディアといってもいい編纂方針をとる。

吉見 明六社という人的なネットワークの結社と、それを基盤に発行される『明六雑誌』という活字メディアとを両輪とする知の仕組みになっていた。

大澤 その両輪構造はさきほどの唯物論研究会をはじめ、集団的批評をおこなったさまざまな団体もおなじですね。

吉見 西は『明六雑誌』に寄稿した文章のなかで西洋の近代知がシステムとして構造化されていることを論じています。エンサイクロペディアはその体系性の表象というわけですね。

大澤 その知の「連環」をどのように分節するのかは時代によって異なる。そして、その学問分類に時代精神が反映される。学問の単位はけっして不動のものではありません。そのことが歴史を見るとわかるわけです。

吉見 『知識の社会史』[100]のピーター・バーク[101]によれば、中世から近世にかけて、エ

米国から帰国した森有礼の主唱により、一八七三（明治六）年に結成された啓蒙思想団体。西周、中村正直、加藤弘之、福沢諭吉らが参加した。

★99 **『明六雑誌』** 明六社の機関誌で、一八七四年三月に創刊。発行部数約三二〇〇。政治、経済、外交、宗教、科学、教育など幅広い分野にわたって議論を展開し、文明開化のための啓蒙的役割を果たした。一八七五年、政府による言論統制で廃刊。

★100 **『知識の社会史』** 原著 *A Social History of Knowledge* は二〇〇〇年刊。邦訳版は新曜社より二〇〇四年刊。

★101 **ピーター・バーク**（Peter Burke, 1937-） イギリスの歴史学者。著書に『フランス歴史学革命』『文化史とは何か』など。

ンサイクロペディアという言葉はむしろ高等教育のカリキュラムを意味していた。

大澤　どちらかというと「一般教養」に近い。

吉見　それがやがて、百科事典のように補助教材を指すようになる。物象化していったわけですね。

大澤　ディドロ[★102]やダランベール[★103]たちの編集した『百科全書[★104]』が有名ですね。しかし、「百科事典」「百科全書」といってしまうと、原語に畳み込まれていた豊饒なニュアンスが霧散してしまう。

吉見　エンサイクロペディアという言葉には、学びの連環と、その学びを組織するプロセス、そしてそれを可能にする補助教材的なテキストという三つの意味が含まれていたわけですからね。

大澤　そう、その意味では「百学連環」はとてもよくできた訳語でした。西周は私塾でそのあたりをじっくり講義しながら、学術全域の連関的なマップやダイナミズムを表現しようとしていたのでしょう。

吉見　戦後になって、京都大学の人文研[★105]の桑原武夫[★106]が『百科全書』の共同研究を立ち上げました。この研究会に鶴見俊輔[★107]や多田道太郎[★108]たちが参加したことは有名なエピソードです。そうした研究会の先駆形態は、さきほどおっしゃった戦前期の戸坂潤や中井正一たちによって用意されていたといってもいい。

★102 **ディドロ**（Denis Diderot, 1713-84）
フランスの啓蒙思想家、文学者。ダランベールらとともに『百科全書』を編集・刊行。著書に『ラモーの甥』『ダランベールの夢』など。

★103 **ダランベール**（Jean Le Rond d'Alembert, 1717-83）
フランスの数学者、物理学者、哲学者。『百科全書』の序論と数学に関連する項目を執筆。

★104 **『百科全書』**
一七五一年から七二年にかけて刊行。全二八巻（本文一七巻、図版一一巻）で、執筆者はヴォルテール、モンテスキュー、ルソー、コンディヤックら。一七七六年から七七年にかけて補遺五巻が、八〇年に索引二巻が、別の編者により刊行された。

★105 **人文研**
京都大学人文科学研究所の略。「東

大澤　そういうかたちでつながっていく。

吉見　と同時に、それは、スタディ・グループ（研究会）というよりも、やはり、エンサイクロペディック・ムーブメントと表現すべき内実を備えていたと思う。

大澤　そうしたグループ知のようなものが衰退しつつあるのもたしかですね。個々が個々の関心にだけそってオタク的に学問をしてしまう。そこには対話が生まれようがない。そのあたりの現状を打破したくて、僕はこの本で「対話的教養」の復興を強調しています。

吉見　おっしゃるように、対話的な知がますます重要になるでしょうね。それによってものの見方や考え方が変わってくる。大学のゼミでの対話がその典型ですね。

大澤　僕の博士論文の第二部はまだ出版されていないんですが、思想家同士の相互の影響関係を析出することで「集団的知性」を浮びあがらせるというコンセプトで書きました。まさに過去の思想家たちの「対話」について考えたわけです。

吉見　ちなみに、近代日本の歴史に残る立派な百科事典を刊行した出版社は軒並み倒産を経験していますね。同文舘★[109]しかり三省堂★[110]しかり。明治期から大正期にかけて、三省堂は現在の講談社★[111]と集英社★[112]と小学館★[113]を足し合わせたような大企業だった。百科事典をつくるに際しても、大隈重信★[114]を編集長に迎え入れるなど、それはもう大変な力の入れようだった。おかげで、巨大な百科事典が出来上がりましたが、その無理

亜に関する人文科学の総合研究を行う目的」（京大人文研サイト）のもと、一九三九年に設立された旧人文科学研究所を中心に、東方文化研究所、西洋文化研究所を合体し、世界文化に関する人文科学の総合研究を行うことを目的に一九四九年に発足。

★106 **桑原武夫**（くわばら・たけお　一九〇四～八八）フランス文学者、評論家。京大人文研での学際的な共同研究を推進した。著書に『第二芸術』『文学入門』など。

★107 **鶴見俊輔**　第1章、註35を参照。

★108 **多田道太郎**（ただ・みちたろう　一九二四～二〇〇七）フランス文学者、評論家。著書に『複製芸術論』『しぐさの日本文化』など。

がたたって倒産してしまう。
大澤　戦後のある時期まで、出版社にとって百科事典は特別な意味を帯びた一大文化事業でした。
吉見　いまや、かつての平凡社[★115]のような百科事典をつくれる出版社は存在しないですね。無理にやろうとすれば、それこそ自殺行為になってしまう。
大澤　さらにいうと、読者の側もその価値をなかなか理解できなくなっている。出版社によって牽引されるエンサイクロペディック・ムーブメントは、一九八〇年代あたりで一度終焉したといっていい。
吉見　エンサイクロペディアは、大学（ユニヴァーシティ）の枠に収まりきらない知的活動の究極の姿だったわけです。大学でもなく出版でもない第三項のお話をさきほどされましたが、百科事典の出版事業や研究会はそうした可能性をもっていたと思いますね。
大澤　そして、それを吸収することこそが教養にほかならなかった。
吉見　そうそう。
大澤　戸坂潤の場合、「三笠全書」[★116]というシリーズものも企画・編集していました。執筆ラインナップには彼が主宰した唯物論研究会のネットワークがフル活用されていて、研究会とうまく連動していた。ところが現在では、出版それ自体が衰退しつ

★109 **同文館**
一八九六年、森山章之丞（一八七二～一九二〇）が個人会社として設立。経営、会計などに関する実務書の出版で知られ、日本初の百科事典を手がけた。一九一三年に株式会社化。二九年に三省堂に経営を委託し、四四年には企業整備令のため三省堂に統合。五八年から東京同文館となった。

★110 **三省堂**
一八八一年に亀井忠一（一八五六～一九三六）が創業した古書店がそのはじまり。一八八八年に刊行した『ウェブスター氏新刊大辞書和訳字彙』が成功を収め、一九〇二年、日本初の総合百科『日本百科大辞典』の編纂がスタート。一九〇八年に第一巻を刊行し、一二年には第六巻を刊行したが資金が底をつき、倒産。再建計画の下、一九一九年に全一〇巻が完成した。

★111 **講談社**

つある。とすれば、出版だけに頼るわけではない、別様のネットワーク構築をしなければならない。

8 教養としてのアーカイブ活用

大澤 ポスト・エンサイクロペディアとして、インターネットが登場します。その象徴がウィキペディアですね。それを「研究会から集合知へ」とまとめてみてもいい。

吉見 ウィキペディアも一つのチャレンジだったと思いますし、頭から否定するつもりはありません。じっさい英語版はなかなか信頼できて、けっこう使えますね。私もよく、英語版のほうを参照させてもらいます。これはこれで役に立ちます。ただ、もうすこし深く考えるには、やっぱりそれだけでは物足りないんですよ。

大澤 とすると、将来的に知のフォーマットはどうなっていくと思われますか。

吉見 トランスナショナルなマルチメディア型アーカイブなんじゃないでしょうか。

大澤 各所のアーカイブをネットワーク状に連結して、横断的に利用できるようにすると。

吉見 そうです。

第2章、註11を参照。

★112 **集英社** 一九二六年、相賀《おうが》武夫(一八九七〜一九三八)が小学館から娯楽誌部門を独立させて創設した出版社。

★113 **小学館** 一九二二年に相賀武夫が創立した出版社。学年別学習誌を刊行し、成功を収めた。

★114 **大隈重信**(おおくま・しげのぶ 一八三八〜一九二二) 政治家。一八九八年、板垣退助とともに憲政党を結成し、日本初の政党内閣を組織。一九一四年、第二次内閣を組織し、第一次大戦に参戦。東京専門学校(早稲田大学の前身)の創立者。

★115 **平凡社** 一九一四年に下中弥三郎(一八七八〜一九六一)が創立した出版社。

大澤　そうしたときに、重要になるのはやはりここでも知識に対する信頼性と継承性ですね。

吉見　さきほどもいいましたが、中世社会では修道院で修練を積んだ一部の人間にだけ知識が伝授されていました。ところが、近代になって出版文化が盛んになり、まったくおなじ内容の本が何万部と流通し、大衆がそれにアクセスするようになった。ここにおいて、知識の信頼性は著者の権威によって担保された。マスメディアの時代の到来です。

大澤　近代知は「偉大な著者」たちによって担われた。

吉見　しかし、いまやそのマスメディアの限界も見えてきた。

大澤　そのさきに、ネットワーク型の多中心的で双方向的なメディアの時代がやって来る。だれもが情報発信しうるというコミュニケーション革命がおこりました。だけど、このまま行くと、TwitterとFacebookとLINEとInstagramを経由した「いま・ここ」の膨大な情報が行き交うばかりで、どれが信頼にたる情報か判断つかなくなってしまうでしょう。

吉見　ネット社会では、誰もが自由に発信でき、その情報が世界をかけめぐっていきますが、当然、その発信者の情報の信頼性は、マスメディア時代よりかなり低下するわけです。もちろん、マスメディア時代にも偽情報はあり、ネット社会でもす

★116 **三笠全書**
一九三八年から三九年にかけて三笠書房より刊行。全一六巻。『民俗学』『東洋思想』『短歌論』『近代兵学』『ルネサンス』『児童問題』などテーマは多岐にわたる。

ばらしいスクープがあるでしょうが、全体として情報の信頼性は低下する。そこで、各時代の知的活動の諸成果をきちんとアーカイブ化して、事後的にそこへアクセスすることによって知が深められる仕組みをつくることが不可欠となります。

大澤 検証可能性やトレーサビリティ[★117]の問題ですね。

吉見 出版がその役割をもはや果たしえないのだとすれば、アーカイブの進化系に可能性があると思います。二〇世紀は「映像の世紀」でもあったわけですから、活字だけでなく映像もどんどん保存していく。さらに、テキストとビジュアルが重層化され、相互参照可能なシステムを構築する。

大澤 しかも、パブリックにする。それを知の備給点として正常に機能させる。

吉見 そうした進化系アーカイブが求められていると思います。文系の学問にとって大学の図書館は、理系の学問にとって実験室が欠かせないのとおなじぐらいに重要です。文系のライブラリーと、理系のラボラトリー。

大澤 大学図書館もデジタル化が進みますね。

吉見 膨大な資料をデジタル化して、蓄積するという、ハイブリッド型の図書館になっていく。

大澤 そんな充実したアーカイブをきちんと使いこなせるようになることが教養の一角を占めるでしょうね。それを新しいリテラシーといってみてもいい。

★117 **トレーサビリティ**(traceability)
食品、工業製品などの商品について、原材料の生産から加工、流通、販売までの過程を把握できること。

吉見　そのためには、教員だけではなく学生たちも積極的に図書館のアーカイブ構築にたずさわる必要がある。

大澤　まったくそのとおりで、ユーザーベース設計にしないと、インターフェイスがそれっぽいだけでぜんぜん使えないシステムができあがってしまう。デジタルの世界ではしばしばそういうことがおこってきました。

吉見　蓄積された膨大なデータに、メタ・データを追加したり構造化したりしながら、それを活用してまた新たな知を生み出す。そのプロセス自体がじつはアーカイブなんですね。

大澤　データを使ってなにを引き出そうとしたのかという、僕たちの行動履歴の蓄積自体が歴史的な意味をもってくるわけです。メタ・データのアーカイブ。技術的には無限にアーカイブしていける環境があるのだけど、解釈なり分析なりを噛ませて適切にタグづけしておかないと、結局のところ存在しないのとおなじになってしまう。

吉見　高度なデータベースをいかに活用するかは、いわば知的な人間側の想像力の問題です。そこはコンピュータに任せられないし、任せてはいけない。

大澤　そこも自動化してしまうなら、それはもう「人間の終焉」でしょう。あくまで、使う側でいなければならない。社会に出れば、どんな仕事だろうと調査のプロセスは必ずついて回ります。そのとき、必要なドキュメントを掘り出してくるスキルはＯＪＴ★118的に個人で磨いているのが現状です。けれど、その部分は大学の教育のなかで自然とトレーニングできるはず。もちろん、その外でも育める。

吉見　高度に情報化・ネットワーク化された現代社会では、あるテーマについて論を組み立てられる能力と、いろんな現場へ行って必要な情報を集めてくることができる能力の両方が必要ですね。このふたつを往還する作業は、じつは大学の教育においてずっとおこなわれてきたことなんですよね。

大澤　資料のデジタル化とパブリック化がさらに進めば、資料本体を所有していること自体の意義は減退していきますね。かつては、史料や図書を大量に保管していることこそが大学の権威を担保していた。とくに文系はそうです。けれど、環境論的にもはやそうではなくなりつつある。とすれば、これからの大学は別のところでプレゼンスを発揮することを考えないといけない。活用のアイデアや方法で勝負することになるかもしれない。

吉見　そのとおりです。それなのに、どうもいまの大学には危機感が足らない。

大澤　力を入れるポイントをまちがえているんですよね。

吉見　とにかく、現状維持はダメです。学問や大学が大切なのだといくらくりかえし訴えたところで、それだけではどうにもならない。この大転換期に「大学」をど

★118 ＯＪＴ　第1章、註77を参照。

うやって再定義するか考えないといけない。たとえば、メディアの一種として大学という場を捉えてみる。

大澤　制度として存在するだけではなくて、同時に、「教える／学ぶ」というコミュニケーションの場でもあるわけですからね。

吉見　再定義の問題は出版もおなじです。出版は文化事業なのであって、これこれの価値があるのだから残さなければならないといくら叫んでみても、状況を乗り切れるわけがない。

大澤　「べき論」では人はついてこない。

吉見　新しい知識の蓄積と批判、創造のサステイナブルなかたちを創出するしかないんですよ。

大澤　転換期をポジティブに捉えかえすことにつきますね。

第4章　【対話のあとで】全体性への想像力について

大澤　聡

3つの対話にはきっちりしたたたき台はなく、事前にいくつかのキーワードと論点をメールで伝達する程度にとどめた。対話的教養を掲げる以上、場の流れにゆだねるべきだと判断したからだ。とはいえ、時間をおいて文字起こしを読んでみれば、取りあげそびれた話題もあれこれ浮かぶ。そこで、エクストラコンテンツとして設置されたのが第4章の談話である。

ここには、拙著『批評メディア論』と呼応するテーマがいくつか含まれている。同書は近代日本の言論システムの生成プロセスを分析したものなのだけれど、じつは“幻の章”がいくつか存在した。「批評読者論」もそのひとつ。メディアや送り手側の環境だけではなく、受け手である教養主義的読者の実態も解析することにより、当時の言論空間の立体的な把握が可能になると考えていたのだ。けれど、章構成のバランスから収録は最終的に見送られた。『教養主義のリハビリテーション』はどこかその幻の章の分身のような側面をおびている。

3つの対話から1年以上をあけて、筑摩書房の会議室で収録された。文字としては「ひとり語り」の体裁をとってはいるものの、実際は目の前に石島裕之さんがいた。聴き手が存在しなければ、まったくちがう内容になったはずだ。つまり、第4章もまた対話の産物なのである。なお、過去に発表したインタビュー「デジタルとヒューマニティの交差点」(『DHjp』第3号、2014年5月)と、口述ベースのエッセイ「新たな対話論のためのメモランダム」(『精神看護』2017年1月号)の内容と重複する発言は、作業の効率と議論の補強を優先し、既発表分を部分的に再利用した。引用部分に含まれる歴史的仮名遣いは読者の便宜をはかるべく、現代仮名遣いに改めた。

(大澤 聡)

マーケティング時代の読書

議論のまとめにむかうというよりは、さらにひらいていく方向でお話ができればと思っています。一人で思いつくまま流れにまかせてラフに進めてみたいんですね。

予想どおりというべきか、三つの対話をとおして現代の読書環境の変容が焦点の一つとなりました。読書をベースとしてこそ教養は成立するのだけれど、いまではそれが危機に瀕している、そんな前提が四人のあいだで共有されていたからだと思います。

「教養」について確たる辞書的な定義は存在しません。ですが、さしあたりそれを「文化の受容を媒介に精神を豊かにし、人格を向上させるもの」としてみることに異論はそんなにないんじゃないでしょうか。この定義にのっとるならば、なにも経路を読書に限定する必要はない。ほかのメディアを介しても身につけられるだろうし、実際そのようにうたう人も少なくありません。僕もそれは否定しない。けれど、歴史的な経緯をふまえるならば、たとえばデジタルメディアとの接触によって養成されるのは、もはや「教養」以外の単語で表現すべき、なにか別種のものなのではないか。そうした感触も三つの対話の通奏低音をなしていたと思うんです。その意味では、本書はずいぶん保守的な教養観に貫かれている。

新たなメディア接触によって養われるものが「教養」以外の単語で表現されるとして、では旧来の意味でいう「教養」の輪郭はまったく変化をこうむらないのかといえば、もちろんそんなはずはありません。メディア環境全体が再編されれば、読書ベースの教養のあり方もその外的な条件によって相対的に変わることになる。変化のさきに求められる教養のかたちをどうデザインしていくのか。それぞれの現場で問われているのはそこでしょう。この本では、「現場的教養」や「対話的教養」という造語でなんとか一つの方向性を示そうと試みたわけです。

あらためて、読書をとりまく環境はどのように変化しているのでしょうか。たとえば、最近感動していないかから「泣ける小説」はないかと店頭のポップや表紙をたよりに棚を物色する。あるいは、ネットで「小説　泣けるおすすめ」と検索する。絶対に泣ける小説であってほしい。是が非でも失敗したくないんですね。で、買って、読んで、予定どおりに、泣く。そんな予定調和的な一連の行動履歴において、読書は健康用のサプリメントを摂取する感覚にちかくなっている。もちろん、そんな読書があってもいいんですよ。けれど、「読書」というよりは「消費」なんですよね、やっぱり。泣きたいのであれば、TSUTAYAでその手の映画をレンタルしてくるという選択肢だってあるわけだから。

「泣ける小説」を読もうと思ったきっかけは時間つぶしかもしれない。いかにもマーケティングの教科書が指摘しそうなことだけれど、そのとき文庫本は、ツタヤのDVDだけではなくて、スタバのグランデだったりスマホのゲームアプリだったりと競合するフィールドに投げ込まれている。文庫や小説という同一カテゴリのなかで、どのタイトルが選ばれるかという勝負ではもはやないんですね。ライバルは異業種にいる。あらゆる局面で「業界」という概念が融解し、おなじ四二〇円なり二時間なりをどこに投下させるかという、可処分所得や可処分時間をめぐる広大な争奪戦が水面下でくりひろげられているわけでしょう。

本を読むにしても、行為にいたるまでの選択肢なり条件なり環境なりがかつてとはまったくちがう。そのため、読書の意味も組み替わる。本しか選択肢がない状況での読書と、無数のメディアが目の前に並列している状況で本を選択して読むのとでは意味が変わってきます。いまや読書は自明の行為ではありません。再帰的な、つまり〝意識的に（あえて）選択された行為〟となっている。

最近、学部一年生向けの講義でそんな話をしたところ、ある学生が出席カードの裏にこんなコメントを書いてきたんです。「自己紹介で「趣味は読書です」と言う人がいるけど、それを耳にするたび、人びとが読書と距離を取っているんだなぁと感じます」。これはなかなか鋭いですよ。つまり、読書をわざわざ「趣味」だと表明する態度は読書からおよそ遠いふるまいじゃないかといいたいわけでしょう。実際、読書はかつての読書とはまるっきりちがう。脱神聖化されて、相対化され、キャラ属性をあらわすファッションやアイコンの一つになりさがっている。

とある読書調査によれば、いまの大学生の五三パーセントが一日の読書時間を「ゼロ」と回答するらしい（全国大学生協連「第五三回学生生活実態調査」二〇一八年）。平均は二十三分ちょっと。そうした条件だとどうしても読書はあえて選択された行為という文脈を帯びてしまう――だとすると、ヴァルター・ベンヤミンのいう意味での「アウラ」を読書がかえって備えることになるのではないか、そう、「趣味は読書」はその結果にほかならない、なんて解釈することもできそうですが、議論をシンプルにするためにいまはおいておきます。

ともあれ、読書が読書というだけで特権的に上位に立つという構図はもはや成り立たない。文庫とツタヤとスタバとスマホが代替可能な並列関係にある。それが市場というものでしょう。だとすれば、そこに存在するのは「読者」ではない。「消費者」です（さらに深刻な問題は、作り手たち自身がマーケットのことばかりに気を回してしまうこと、マーケティング対策のために過剰な自作解説をしてしまうこと）。

ようするに、本の「商品」としての顔が前景化してきた。夏目漱石は一九〇七年に東京帝国大学を辞職し、『東京朝日新聞』に専属作家として入社しますが、そのときの「入社の辞」のなかで、「新聞屋が商売ならば、大学屋も商売である」といって、大学の権威を剝《は》いでみせました。まさにあれとおなじで、本の実態は商売上の商品にすぎません。たとえば、一九二〇年代後半から三〇年代にかけて、大宅壮一や杉山平助といった評論家は「商品としての文学」という表現をしばしば用いて文学の脱神聖化を試みていましたし、経済学者ながら文芸事情に通暁《つうぎょう》していた大熊信行も映画や芝居、ラジオ、音楽、レヴューなど新興エンタメと並べるかたちで、まさに「時間配分」や「経済配分」という用語を使いながら、読書の世俗化を試みています。文学や書籍が「商品」なんだということは、大衆消費社会のなかでかなり意識されていたわけです。にもかかわらず、本の場合、「商品」のまわりを「教養」が取り囲んでいたがために、特別枠に安住することができた。「教養主義の没落」によって周囲の教養成分が霧散すると、いよいよ剝き出しの〝まったき商品〟として存在するしかなくなる。

商品なのであれば、効果や機能がわかりやすくないといけません。でないと市場で負けてしまう。「泣ける」基準の場合、「泣かせる」というシンプルな目的に向けてあらゆる手段を動員したストーリーが高く評価される。存在理由が単純明快でないといけないんですね。

読書の消滅？

小説の風景描写や対物描写がまどろっこしくて邪魔だと考える読者はいまでは少なくありません。それどころか、小説家自身が描写を回避したり、そもそも描写ができなかったりするケースも増えています。地の文は斜め読み程度、会話部分だけを拾って読む読者までいるのだとか。ようするに、おおまかなストーリーさえ把握できれば、それでいいのだという読書ですね。

だけど、登場人物の心理状況を「幸福だった」という言葉で直接的に「説明」してしまうのではなくて、その人物の目に映った光景や物を描きとることで幸福さを間接的に伝える技法こそが、ウソくさい文字表現（なにせ紙にインクがのっているだけですから）にリアリティを与えてきたはず。そして、それこそが近代小説を近代小説たらしめてきたのだし、そこに無限のアレンジの余地もあった。むしろ、そこにしか近代小説の存在意義はないのだといいきってしまってもかまわないくらいです。技法のバリエーションが次々と誕生し、進化を遂げてきた。進化の過程がそのまま日本の近代文学史になってもいます。

それなのに、いまはこの描写がノイズとして処理される。ぐだぐだ迂回してないで「幸福だった」とひと言書きゃいいじゃないかというわけです。現にそういう小説は増えている。たしかに物語の展開は圧縮され、そこに疾走感やリズムが生まれます。けれど、「幸福」という最大公約数的な言葉からは当然、個別の細部がどろどろこぼれ落ちていく。それでも、わたしたちは要点となる情報を列挙されるだけで、上手くいけば「泣く」ことができてしまう。「感動した」のインフレも同根です。匿名掲示板やSNSをはじめ、ネット上で奇形的に進化した文体はまさにそういうものでした。しかし本来、小説は要点となる情報やストーリー以外にも目をむけるべき要素を大量に抱えこんでいたはずです。

　文学理論家のジェラール・ジュネットが『物語のディスクール』で解析してみせたとおり、物語は「物語内容 histoire」／「物語言説 récit」／「物語行為（語り）narration」の三相の複合体として組織されている。詳細は飛ばして、さしあたって「物語内容」は語られた話の内容、つまりストーリー、「物語言説」はそれを表現する言語やテキストそのもの、「物語行為」は語る行為、くらいに捉えておいてもらってかまいません。このように物語を解剖したとき、構造や語り口を分析したり、レトリックに着目したりする読み方や楽しみ方もかつては存在していました。ところが、読書はどんどん単純化していき、ストーリーだけを相手にするようになった。だからこそ、「泣ける／泣けない」「ページターナーである／ない」「読みやすい／読みにくい」といった基準ばかりが話題にされる。書く側もそれに適応してしまう。

　文芸批評家のアルベール・ティボーデは、たとえばストーリー展開にばかりとらわれるような読者のことを「レクトゥール lecteur」と呼んで、「リズール liseur」と区別しています（『小説の美学』）。たいてい、前者は「消費的読者」、後者は「精読者」と日本語に訳されます。精読者は物語言説や物語行為の位相にもじっくり目をむけることができるような読者を指す。ときにはストーリーそっちのけで、テキストに向きあうような読者ですね。

　ところで、ストーリーを読まない小説の読み方なんてありうるんでしょうか。文学研究者の前田愛が遺著となった『文学テクスト入門』で使った例に、夏目漱石の『草枕』のこんなシーンがあります。前田にかぎらず、つい言及したくなるくだりですのでやっぱり紹介しておきましょう。

主人公の画工が逗留先の温泉宿の那美という女性から、難しい本を読んでいるんですね、と声をかけられる。それに対して画工は、「わたしにも、よく分らないんです」と答える。適当にぱっとひらいたページを漫然と読んでいるだけだというのです。画工は「御籤《おみくじ》を引くようにと表現します。一ページ完結型の本ならそういう読み方もあるでしょうが、長い作品をそうやって読んでいるらしい。「それで面白いんですか」と訊かれて、「それが面白いんです」。那美は最初から読まないでいいのですか、とちょっと不満げ。「筋」を読むならわたしもそうするけど、と画工。「筋の外に何か読むものがありますか」と那美……こうやって、直線的に「筋＝ストーリー」だけを抽出しようとする常識的な読書の偏狭ぶりが会話のなかで浮き彫りにされていく。

漱石はストーリー以外を読む読書の可能性を、ほかならぬ小説のなかで示そうとしているわけですね。ついでに、さきほどの「描写」の話に引きつけていうなら、この小説には那美との出会いのシーンで「昔から小説家は必ず主人公の容貌を極力描写することに相場がきまってる」というくだりも出てくるなど、一種のメタ小説（＝小説についての小説）になっている。だからこそ、あれこれ解説のしがいもあるのですが、いまは小説の講義ではないのでこれもおいておきましょう。画工が主張した「御籤」式読書は極端だとしても、どんどんストーリー以外の部分が理解されなくなりつつあるのはたしかです。大半の人間が那美側につく。描写の肩身の狭さはそうした事態とも相即している。

ジュネットの図式は、物語以外の表現ジャンルにも適用できるんじゃないでしょうか。つまり、「物語内容」は一般的に記述された「情報」に相当するとひろく考えると、（厳密には正しくないのですが）いろいろと理解しやすくなる。現代の世界情勢は数とインパクトに頼んだストーリー同士によるバトルロイヤルと化しています。フェイクニュースの隆盛ぶりはその兆候ですね。こんな状況だからこそ、ストーリーをとことん脱臼させるような「精読」が重要になります。ストーリー戦から降りる。離脱を可能にするのは、即レス時代にそのつど立ち止まって、構造やレトリックをためつすがめつ味わったり分析したりする姿勢です。「味読」なんて言葉もありますね。

読書や解読を情報処理と分ける。物語にかぎらずあらゆるジャンルの文章の「言説」や「行為」の位相をしつこく精査する。たとえば、①誰が、②いつ、③どこで、④だれに宛てて、⑤どのように発した言葉なのか、語り口そのものに目をむける。これは思想史研究ではテクストクリティークや史料批判の定石だし、日常的にもみんな無意識にやっていることだと思います。だけど、メディア環境の変化によってそこが衰退しつつある。基本的なことをいうようですが、その基本を意識的にやってみる。フェイク対策はそれにつきます。情報との接触の自覚化を、あらためて現代の「教養」といってみてもいい。「精読者」的に世界と対峙するわけですね。

ところが、くりかえしておくと、大半の人間は「消費的読者」にとどまります。ストーリーに感動したとか、最新のデータを入手できたとか、そういった側面ばかり重視する。たいていの読書は「消費的」になされているし、人びとは世界と「消費者」として向きあっている。「読者」は絶滅の危機に瀕している。後世から見れば、わたしたちは読書が消滅する現場に立ち会っているのかもしれません。

読書革命と出版大衆化

ここで、パースペクティブをひろげておきましょう。一五世紀の中ごろ、ヨハネス・グーテンベルクによって活版印刷術が発明されたのは教科書的な常識ですね。これがきっかけとなって「印刷革命」がおこります。それまで手書きによる書写か木版印刷くらいしか選択肢がなかった。そのため、ごく一部の人間だけが書物を手にすることを許されていました。そんな限界を打破すべく、活版印刷術によって書物の量産化が実現します。量産化はいずれ低廉化をもたらす。たくさんの人びとが知にアクセスできるようになりました。この劇的な変化が一六世紀の宗教改革や近代科学の出発へとつながります。第3章で触れたとおりです。ただ、ここでの関心はそのさきにあります。

大量印刷が可能になるとどうなるか。ひとつには読者層が拡大する。もうひとつは出版流通量の激増。このふたつが連動しながら進行します。するとどうなるか。読書の質が決定的に変わります。かつては、まさにバイブル（聖書）に象徴されるように、「この一冊」がすべてだった。それを大事に大事にくりかえし何度も繙《ひもと》いたわけです。出版物の種類がすくなかったからこその読書です。場合によっては、声に出して読んだ。ところが、技術革新が大量生産を実現させるや事態は一変します。商品である書物にバリエーションと速度が要求されるようになる。目先の変化が重視される。すると、人びとはそれにキャッチアップすることへと意識の重心を移します。

雑誌がわかりやすい例ですね。一七世紀半ばに定期刊行物である雑誌が誕生、一八世紀には隆盛期をむかえます。次から次へと新しい号が発売されますから、読み捨てざるをえない。くりかえし読んでなんかいられないし、発行側も再読を前提につくっていない。読者は特定の雑誌をフォローしてはいても、おなじ号を何度も読むことはほとんどしないはずです。それとおなじで、書籍も続々と新しいタイトルが出版市場に送り込まれる。定番の比喩を使えば、「出版洪水」の時代が到来します（ちなみに、日本ではこの比喩は明治期から使われました）。人びとはあれもこれもと目移りするようになる。環境の変化に応じて、本に対する姿勢が組み替わるんですね。

かくして、読書は「速度の時代」へと飲み込まれていきます。この一八世紀後半に西洋で進行した変化を、ロルフ・エンゲルジングは「読書革命」と表現しています。そして、それを〝「集中型読書」から「拡散型読書」へ〟と図式化しました。前者は力がぎゅーっと内側へ入り込んでいくイメージ。一冊の書物にそそぐ集中度や密度が高い。後者は、外側に、ばーっと力がひろがっていくイメージ。視界がひろがって、あれも読まなきゃ、こんなのも出たのかと移り気になる。くりかえしておくと、読者側の変化もあるのだけれど（読者層の拡大）、おもには、読書環境のドラスティックな変化（出版流通量の激増）がそうさせたわけですね。こうして、読書という行為が散漫になっていきます。敬虔な読者から世俗的な読者へ。力点が質から量へとシフトする。

一八世紀後半に西洋で進行した読書革命を日本におきかえると、一九二〇年代後半から三〇年代にかけて、つまり大正末期から昭和初年代にかけての時期がそれに相当します。いわゆる「円本ブーム」がその象徴例です。関東大震災後、一九二四年からの数年間、予約制の全集販売が流行しました。それがプレ期というか助走期となって、一九二七年には新たなフェーズへと突入。改造社が社運挽回《ばんかい》すべく仕掛けた『現代日本文学全集』刊行に端を発する一冊一円（それで「円本」といいます）の廉価版全集が激増します。改造社のダンピング路線の成功が他社の類似企画をたちまち誘発したわけです。日本文学が中心でしたが、世界文学や芸術、経済学、法学、科学などおよそあらゆる分野の旧作ストックがここに放出される。こうして、円本が出版界を席巻しました。

当時は「革命」という惹句なんかも新聞広告文などで頻繁に用いられました。もちろん、サプライヤー（＝送り手）にとっての「出版革命」という文脈ですが、これを反転させてユーザー（＝受け手）の側の変化として見れば「読書革命」になる。出版と読書の質的な変化がリアルタイムで意識されていたんですね。同種全集間でのプロモーション合戦は過熱化し、広告だけではなくて、音楽や演劇、さらには作家や批評家が全国各地を行脚する講演会、それとセット上映された映画などなどまさに多感覚的なメディアイベントが組織されました。出版の世界がスペクタクル化していく。

その意味では、〝剝き出しの商品化〟がここですでにおこっていたと見ることもできる。けれど、その商品化と手をたずさえることによって、「教養」が大衆に急速に普及する構造になってもいた。そして、異様な熱狂の渦のなかに、かつてであれば読者層たりえなかった人びとが大量に呑み込まれていきました。そこにマスとしての読者が誕生します。出版界はかなり意識的に、そしてなかば強引に、新たな読者層を開拓したわけですね。ちょうどこの時期に加速した高等教育の大衆化とも連動しています。学生は有力な潜在読者ですから。こうして出版大衆化のプログラムが起動しました。出版に適応した大衆が誕生するとともに、大衆に焦点をあわせた出版物がつくられる。「速度の時代」に適応すべく、新たな記事フォーマットを続々と設けるなど目先の変化に力を入れたし、もっとわかりやすい事例として、大衆のリテラシーにあわせるように円本は総ルビを採用しました。その流れは雑誌へも浸透します。

とにもかくにも、大衆消費社会のなかで知的中間層のボリュームが異様に肥大化していき、長らく日本の出版市場を支えることになります。それは同時に「教養の大衆化」をも意味していました。全集を予約した購読者のもとには、次から次へと配本され、読者は読書に追いたてられる。当時から指摘されたように、たいていは客間のインテリアと化したわけですが、人びとはたくさんの本を読まねばならないというオブセッションにだけはとりつかれます。その後も戦前戦後をとおして何度か全集ブームがおこり、そのつど読者層を拡張しました。これが一九七〇年代あたりまでつづきます。

一九〇〇年前後、世紀転換のタイミングで近代的な出版社が続々と誕生し、一九二〇年代後半には出版に関するインフラの大半が整備されました。この一〇〇年ないし九〇年は、そのときに確立した諸制度を使いつづけてきたわけですね。「出版の世紀」だったといってもいい。社会の中心に出版があって、それが教養の大衆化をたえず推し進める。そんな一〇〇年でした。ですが、このサイクルが、いま、おそらく閉じつつある。このところ、さまざまな出版社が創業一〇〇周年や一二〇周年をむかえていることも、あるいはその象徴だといっていい。

そうすると、教養のかたちも出版をベースとしつつも、次のフェーズへと移行することになるのは必然でしょう。

ただ、合理的に考えて、一〇〇年におよぶノウハウ蓄積をリサイクルしない手はない。ネット時代になったからといって、ゼロからまた立ち上げるのは馬鹿げています。ところが、現時点で進められている各所の動向は、もういちど素朴に近代を辿りなおそうとしているようにしか見えない。

日本型教養主義の履歴

こうやって教養が変形していく過程で、「教養」と「教養主義」とのちがいが問題になります。本書の三つの対話をとおして、そのあたりはあまり議論されませんでした。すこしだけ展開しておきましょう。

筒井清忠さんの『日本型「教養」の運命』や竹内洋さんの『立身出世主義』などですでに丁寧に分析されているとおり、明治前半期の青年たちのモチベーションの基底にあった立身出世主義だったり天下国家を論じるようなモードだったりは、明治後半期になるとしだいにしぼんでいきます。「個」という概念が確立するからでしょう。近代以前の階層固定型の社会が崩れて、人生選択の自由を手にするとともに、それゆえの実存的な「不安」がおしよせてくる。「いかに生きるべきか」が問題になるんですね。関心領域がどんどん内向していく。そこに台頭したのが修養主義です。自己鍛錬や道徳的な研鑽《けんさん》によって人格の完成をめざすことに意識がむかう。このとき修養書ブームもおこっています。

さらに明治末期には、修養主義のなかから知的な教養主義が分離独立するかたちで醸成され、それが一高をはじめエリート学生文化のヘゲモニーを握る。のちに、「エリート文化の教養主義vs.大衆文化の修養主義」という対立図式ができあがりますが、出発点においては同根だったわけですね。そこが日本における教養主義の特徴です。ちなみに、この対立は想像力としては、「ハイカルチャーvs.サブカルチャー」の起源でもあるし、昭和期以降の出版社でいえば、戸坂潤らが整理したとおり「岩波文化vs.講談社文化」として具現化されもします。文学でいえば、「純文学vs.大衆文学（エンタメ）」。この起源は戦後の日本文化を考えるうえで重要なポイントとなります。

話をもどして、大正期に入ると、いわゆる「大正教養主義」が花開きます。新カント派で文化主義的で、哲学や文学など、現在でいう人文書の読書をとおして人格の確立を目指す。その人文書を体現したのが一九一三年に創業した岩波書店ですね。なかでも、一九一五年に刊行開始された「哲学叢書」は〝岩波書店といえば哲学〟という路線を決定づけましたし、大正教養主義のおもな固有名はこの叢書のラインナップとほとんど重なっている。二十年後に大宅壮一が「遊蕩《ゆうとう》人格四兄弟」と題した文章のなかで、阿部次郎、安部能成、小宮豊隆、和辻哲郎の人物評論を展開しますが、漱石門下のこの四人あたりに大正教養主義は代表されます。

第2章の冒頭で触れたきり話は流れてしまいましたが、「大正教養主義」という用語を世間にひろめたのは唐木順三の『現代史への試み』でした。戦後まもなく一九四九年に刊行されました。戦前にも「教養主義」という用語はなくはなかったけれど、実際に人びとがイメージできるようになったのは唐木の議論あたりからです。そこで唐木は、日本の近代化を「「型」の喪失」のプロセスだと定式化している。明治期の社会のベースにあった修養という型が消失して、大正期には「あれもこれも」の教養へとスライドしたといいます。

維新前後生まれの森鷗外や夏目漱石、二葉亭四迷、内村鑑三、西田幾多郎らは「素読《そどく》派」に分類できる。彼らが型を重視したのに対して、明治二〇年代以降に生まれた人物たちは「教養派」だというわけです。さきほど、集中型読書の一つのあり方として「ときに声に出して読む」をあげましたが、まさに素読は朱点を入れたり（重要な箇所に朱墨でぽんぽんぽんっと傍点を振る）、師匠の声にあわせて読んだりといった身体性をともなった、それも集団的な動作が基本にある。かたや、教養派の読書は孤独な黙読が基本。とすると、〝集中型読書から拡散型読書へ〟は前田愛が『近代読書の成立』で指摘した〝音読から黙読へ〟ときれいに並行する現象であるように見えます。が、ことはそう単純ではありません。というのも、ぐーっと「内面的生活」（唐木の言葉です）にこもる孤独な読書によって、かえって「集中」度が上がるからです。つまり、拡散型読書の時代にまたちがった意味での、つまり量的ではなく質的な意味での新しい「集中型読書」が出現する。「集中」の位相が移行するわけですね。

昭和期に入るころになると、唐木が批判する教養主義も早々に後退して、マルクス主義が急速にひろがる。じつは「教養主義の鬼子」だったんじゃないかという解釈は第2章で見たとおりです。「あれもこれも」のひとつとして輸入文献学的にマルクス主義を消費してしまう。たとえば、小林秀雄はそうした相対主義的な時代状況を一九二九年のデビュー作のなかで「様々なる意匠」と表現したわけでしょう。フラットに並んでいるなかから選択しているにすぎない。まさに大正教養主義の申し子といってよい三木清が実存的なパスカル論でデビューした直後、一九二七年にいっきにマルクス主義へと転回していく軌跡はそのわかりやすいケースです。

そのマルクス主義も、満州事変以降の時局の進展とともに影響力を弱め、弾圧の度合いが増す一九三〇年代後半、昭和一〇年代、つまり日中戦争期になると、ほとんど壊滅状態におちいります。そこにぽっかり生じた空白に教養主義が復活してくる。「昭和教養主義」とも呼ばれるそれは、河合栄治郎の「学生叢書」全一二巻がマスト・アイテムですが、このシリーズによって教養主義的ライフスタイルのマニュアル化が試みられます。いかにも大衆社会時代の教養消費といった雰囲気がある。東京帝大の、それも経済学部の河合によって人格主義リバイバルがもたらされたことの意味は第2章で触れたとおり。

おなじころ、昭和教養主義の中心地にほどちかい場所で、三木清も教養論を展開していました。ただし、三木は哲学や文学を中心とした大正教養主義や人格主義をかなり痛烈に批判している。あまりに文化主義的で、社会から切断された観念遊戯だったじゃないかというわけです。なんといっても、三木自身がかつて「哲学叢書」を読み、西田幾多郎に入れあげて哲学に道を決めるなど、まさに大正教養主義の圏域にどっぷり浸っていた人間です。そんな非政治的な潮流への反省もこめて、また世界史的な流動化に応接すべく、「政治的教養」や「科学的教養」の導入を提唱したのでした。つまり、文化的教養を土壌としつつも、マルクス主義を経由したことで、教養を個人や内面ではなく、社会や外側へとひらいたものに転轍《てんてつ》しようと試みる。さほど成功しませんでしたが、この三木の自己批判やモデルの転形は、現在わたしたちが教養の行方をデザインするときにヒントを与えてくれています。

ちなみに、このあと時局が深まるにつれ、戦時体制へと完全に移行していきますが、それとともに、ロマン主義や日本主義が青年たちのあいだで幅をきかせるようになる。敗戦をはさんで、戦後はふたたび教養主義やマルクス主義が復活します。大雑把に戦前の教養主義の流れを急ピッチで整理するとこんなぐあいになります。

獲得された教養

こう整理してみるとわかるとおり、「教養」的な要素も包摂していた「修養」のなかから、「教養」という単語を独立させたあたりが転機でした。先鞭をつけたのは和辻哲郎です。『中央公論』一九一七年四月号に寄せた「すべての芽を培え」が早い例だとよく言及されます。ただし、これにすこし先行して、一九一五（大正四）年には田部重治がウォルター・ペイターの『文藝復興』を訳す際、cultureに「教養」という新たな訳語をあてて、civilizationの「文明」と使い分けていたりもしますので、もうすこし語史的な調査の必要がありそうです。

ところで、「教養」という言葉それ自体を批判的な意味で用いることはあまりありませんね（まさにそれゆえに、ニーチェは『反時代的考察』で「教養俗物（Bildungsphilister）」という批判的な造語を教養市民層にむけたことを自慢したわけです）。「教養はあっても実践が足りない」という表現をするときにちょっとネガティブに扱うくらいじゃないでしょうか。それにしたって、ほんとうは「知識はあっても実践が足りない」というべきです。

かたや、「教養主義」という単語はどうか。歴史的に見ても否定的に使われることのほうが多いはずです。なにより唐木の用法がそうでした。「教養至上主義」のようなニュアンスがある。教養がありさえすればよいのだとか、教養の獲得によって自分をよく見せたいという裏の魂胆が透けて見えるとか、揶揄的に使用するケースもある。そもそも、「××主義」は外部から貼られるレッテルであって、基本的に自称ではありません。「教養」に「主義」をつけるのも、〝真の教養〟ではないという否定的なニュアンスが込められているからでしょう。

ですが、知の下方修正がこれだけ全面化し、教養主義の「がりがり推し進めていく」モードさえ霧散したいまとなっては、むしろ肯定的に再評価すべき側面もある。

近代日本の来歴をとおして教養ブームが何度かありました。ポイントは「教養ブーム」が「教養主義批判」としばしばセットになっていたところ。まず、教養熱は〝教養とはなにか〟をめぐる言説が増殖する「教養論ブーム」として現象します。「論」つまりメタなんですね。いかんせん対象が抽象的なものだから、目に見える現象としては二次言説にならざるをえない。どんな教養がいま求められているのか、どうすればそれを身につけることができるのか、いわば教養の輪郭を埋める言葉ばかりが増殖します。とくに二周目となる昭和教養主義のときがそうでした。論壇で読書論や青年論、知識人論が異様に盛りあがり、全体で教養論ブームを形成していた。ともあれ、教養ブームは教養論ブームと並走します。というより、ほとんど同義だった。だからこそ、教養主義批判を引きつれてくる。〝真の教養とはなにか〟を吟味するわけだから、「偽の教養」は批判される。

そこでいう「真の教養」もまた多義的です。幼少のころから絵画や美術や音楽などのハイカルチャーに浸るなかで、特定のハビトゥスを相続的に備えた人間が存在する一方、事後的にそれを学習し、いわば「獲得資本」として身につけた人間もいる。前者が息を吸うように、ごく自然に鑑賞したりふるまったりするところを、後者は意識的に獲得しないといけない。もしくは、別のものでカバーする。だから、どうしても不自然でバタくさい。前者の人たちからすると、自己目的化しているように見えて、軽蔑の対象にさえなる。「偽の教養」だというわけです。フリッツ・K・リンガーが「教養主義の二重性」を指摘しています。教養主義は不寛容性に対しては革新的、だけど、大衆に対しては差別的。つまり、相続資本的な教養人と比べて自分は贋物ではないのかという負い目が、他者に投影されることで排他的になるんじゃないでしょうか。そして、同質性の高い集団を形成する。教養主義はホモソーシャル的な空間をしばしばともなうし、権威主義化する傾向にあります。教養のない人間を否定する。「仲間」や「同志」の選別が苛烈になりがちです。

ところで、ピエール・ブルデューのいう「文化資本」の転化を解説するとき、俗っぽい事例として、「本に囲まれて育った家庭の子は自然と本好きになる」が使われることがあります。たしかにそういうこともある。けれど、これを法則と誤解してはいけないと思うんですよ。あたり前ですが、読書の習慣が皆無の親や読書文化に反感をもつ親から読書好きの子が育つケースはいくらでもあるし、人生の途中でひょんな経験から読書に目覚めることだってある。反対に、周囲に本が大量にあったとしてもそれが風景で終わる場合は少なくない。もしくは、反発から読書嫌いになるなどもおおいにありうる。

いずれにせよ、音楽や絵画や舞台と書物とではだいぶちがうんじゃないか。むしろ、音楽や絵画の領域で追いつけない部分を、コストの低い書物で補塡なり逆転なりしようとするのが教養主義だったはずです。第2章で「元手なしの」という言い方をしました。元手がなくても本を読んで勉強することで社会的なステージをのし上がっていくことは可能なのだという了解が教養主義モードを支えていた。そして、刻苦勉励や自己鍛錬を尊重する修養主義を母胎に出発した日本の教養主義の場合、むしろ、この努力獲得型の教養こそが評価された。たくさん読むことがよしとされたわけですね。

精読か、濫読か

それでいうと、よく受ける質問に、「精読と濫《らん》読のどちらがよいのか?」というものがあります。読書法や読書術などその手のガイドも精読派と濫読派に二分される。いったいどっちなんだとなるのは無理もありません。身もふたもない結論ですが、これは目的やレベルに応じて処方箋も異なるということにつきている。

僕が編纂した『三木清教養論集』の第一部には九本の読書論が収録されています。一九三〇年代の教養論ブームの渦中で、三木は読書論をいくつも発表しているんですが、それらのなかで、三木は基本的にふたつのことをくりかえし主張している。ひとつは、「読書は技術だ」ということ。これは論集にあたっていただくとして、もうひとつは「精読」が重要だということ。よい本を何度も丁寧に読む。そんな反芻《はんすう》に値する書物こそが「古典」なのだといっている。けれど、同時に「濫読」も大事だというんですよ。この矛盾をどう説明するのか。世の中には膨大な数の本が存在しますから、濫読や雑読の時期を経ないことには、読むべき本を選別する鑑識眼ももてない。ダメ本をつかまされる経験も必要だというわけですね。

大量出版時代に突入してからというもの、個々の読者がすべての出版物に目をとおすなんてことはとてもできない。ですから、必然的に良書鑑定のアウトソーシングが要請されます。そこで、明治期に誕生したのが批評家でした。だけどここにも問題がある。批評家によるセレクションがどれだけ妥当性をもっていたとしても、個々の読者に適しているとはかぎらないからです。ある程度まで絞りこんでもらっても、最終的に個別の必要や水準に適合するかどうか、そのつど自分で判断しないといけない。

三木の師匠である西田幾多郎は、「読書」と題した一九一六年のエッセイでこんなことをいっています(西田には「読書」というシンプルな表題のエッセイが二本あるのですが、あまり目にしない方）。「良い書を精読せねばならぬ、幾度も繰返して精《くわ》しく考えて読まねばならぬ」。「精読」を推奨しているわけですね。ポイントはその直前のくだり。「書を読むには、自分に少し難解の書を読む方がよいと思う、［……］無論難解といっても、己の力に相応ぜない難解の書をよむのは何らの益もないのは言うまでもないが、自分がひとりでよく考えて分り得る位の程度において、難解の書をよまねばならぬ」。簡単すぎてもダメだけど、難しすぎてもダメ。

ようするに、なにが「良い本」かは読者によって異なる。もちろん、普遍的に「良い本」は存在します。けれど、そのレベルにまったく達していない人が読んだところで早々に挫折するだけでしょう。といって、やさしい本ばかり読んでいては成長がない。はじめからぜんぶ理解できるような本は、むしろ読む必要のない本です。それでも、第1章の冒頭で話題に出たように、ついそんな本だけで満足してしまう。人間には知的好奇心が備わっているとよくいわれますが、実際はとてつもなく保守的なんですね。知っていることだけを確認して安心したい。反対に変化はこわい。

ちなみに、西田は、「多くの人は読書は単に知識を得るに過ぎぬとのみ思うが、真摯なる読書は、読書その事が意志を鍛錬し、人物を作るに益がある」ともいっています。「鍛錬」や「人物を作る」ことにつなげるあたり、人格主義的な大正教養主義の典型ですが、読書は「知識」獲得にとどまる行為ではないというわけです。そう考えると、精読と濫読の組み合わせは、教養のふたつの顔にそのまま対応しているのではないでしょうか。一方には、特定の書物を集中的に精読することで人格完成を目指すモードがあり、他方には、膨大な書物をがりがり読み進めていって博覧強記にいたるモードがある。どちらが優位かという話ではなくて、その両面がある。それゆえ、教養のイメージがひとによって異なる。

さらにつけ加えておくと、精読と濫読はエンゲルジングのいう「集中型読書」と「拡散型読書」にそれぞれ対応してもいます。そして、これだけ情報と選択肢にあふれている現代のメディア環境においては、精読／集中型の読書をどう組み込んでいくかが問われる。さきほどいったとおりです。

なぜ速読したいと思うのか

「精読か？　濫読か？」とおなじくらい、「速読は必要か？」も頻繁に訊かれます。やはり目的しだいとしか回答しようがないわけですが、視読はともかく、フォトリーディングなどのテクニックはここで問題にしている教養にはつながりにくいと思う。必要な情報をねらい撃ちでピックアウトしたり、要点や筋をざっと押さえたりすることに目的があるのならそれなりに有効でしょうけど、あくまで情報収集や情報処理にとどまるのであって、さきほど触れた語りの角度を問題にするような読書にはならない（速読派の人からするともちろん異論があるはずです）。どこまでも消費的なんですよね。

読まないといけない本や読みたい本は山積み、それなのに、なぜ自分はこんなにも読むのが遅いんだろうと焦るわけでしょう。なかなか進まないのには、二段階の理由がある。ひとつには、読書そのものへの「慣れ」が足りていない可能性。本はショートカットができないので、第1章で鷲田さんがおっしゃったように「こらえ性」が求められます。この「こらえ性」はある程度は小さいころからの教育や環境に左右される。相続資本的な側面はどうしても否定できない。けれど、何歳になっても事後的に獲得することも十分可能です。モチベーションとトレーニングしだい。

読書経験が少ないと、すべて理解しないといけないのではないかとつい構えてしまう。勢いいさんでマーカーを引き引き一ページ目からがんばってしまう。それで知らない用語が続くと早々に放棄する。まじめなんですよね。けれど、それはあまりよくないまじめです。ぜんぶ理解しようと思う必要なんてないんですよ。まずは、三〇パーセントや四〇パーセントの理解でいいのだと開きなおる。一冊分の養分をぜんぶ吸収してやろうといった根性ではなくて、何行かでも残ればいいやくらいのところから出発する。

文芸評論家の亀井勝一郎は「読書七則」というエッセイでこんなことをいっています。「読書は知識の貯金ではない。何から何まで頭の中につめこんでおこうなどと欲張ってはならぬ。唯の一句でも心に止る言葉があったら、それだけで満足すべきである」。まさに。濫読するうちに馴染んでくるものです。理解のレンジは「ゼロか一〇〇」だけではありません。「二〇」や「六〇」だってある。「中庸」というわりに、日本人は極端から極端へと飛び移りがちです。なにごとも「ゼロか一〇〇」で動いてしまう。

もうひとつの理由は、本のレベルが自分にあっていない可能性。西田幾多郎のアドバイスにあったとおり、難しすぎてはダメなんです。時間がかかるのは、端的に前提知識が足りていないからなのかもしれません。その場合、速度だけ上げてもまったく意味がない。まずやるべきはその領域やテーマの本をまとめて買うなり借りるなりしてくること。おなじテーマの本を短期集中的に濫読する。「集中」と「濫読」のかけ合わせです。そのうち、またこの単語かと顔なじみになる（そういえば、第1章の隠れたキーワードは「顔＝インターフェイス」でした）。そのうち、重複部分や推測可能な部分が増えていって自然と速く読めるようになる。量が質に転化するんですね。

テーマだけではなく固有名への集中も重要です。著者は一冊で完結させる意気込みで本をつくりますが、どうしても限界があって、二冊、三冊、四冊……と複数で補完させあいながら自分の思考を開示するものです。頭のなかにあるおおきな見取図のピースを一つ一つ埋めるように、一冊一冊に役割分担させながら展開していく。ですから、おなじ内容を別の本ではちがった角度や語り口でわかりやすく論じているかもしれない。まとめて読むと、著者の思考の軌跡を追体験できるし、必然的に速度はあがってくる。

さきほど引いた亀井は、おなじエッセイでこうもいっています。「自分の感銘した作品に接したならば、その人の全集を読むこと。一個の人間の成育を究めることは、自分の生き方を考へる上に最も大きな参考になる。同時に他の作品を承る上にも大きなたすけとなるものである」。たくさんの先人たちがこれと似たことをいっています。情報源としてではなく、「一個の人間」を全体として捉えよ、と。

僕自身の経験でいうと、研究対象となる人物の著作の読破はもちろんですが、ある時期まで、物書きや研究者の方とはじめて会うときにはかならずその人の仕事をすべて——単行本だけではなくて雑誌論文から対談やコラムまで文字どおり全部——読んで行っていました。そうしておかないと失礼にあたるんじゃないかと勝手に思い込んでいたわけです。気持ち悪いですよね（笑）。なかには数百本書いてらっしゃる人もいて、会うと決まってからの数週間は完全にその人漬けの日々。大学院生だから時間があったんでしょう。

もしいま若い人がそんなことをしていたら、ほどほどのところで止めるよう助言しますが、そのときの僕は強制的なルールを自分に課すことで、勉強の動機を外部から調達していたんだと思います。実際、特定の書き手をフックにして関心領域をひろげていくことができたし、あの議論がこんなくだりに接ぎ木されるんだ、なるほど、と書き方の発見もたくさんあった。気味悪がられそうだから、本人にはぜんぶ読みましたなんてとてもいえないけれど、その作業のおかげで初対面でも深い話に進展することも多かったですよ。『批評メディア論』は固有名批判の本ですが、こと勉強の一点においては、固有名ほど有力なランドマークはありません。

脱線しました。もうひとつ理由を加えるとすれば、そもそも〝「読む」とはなにか〟をめぐる定義の齟齬があるのかもしれない。読む速度が遅いと感じるのは、他人と比較するからですよね。次々読了していく人が身近にいたり、書物からの引用を頻繁にする人を見かけたり。けれど、じつはその人の「読む」と自分の「読む」とはまったく異質のものなのかもしれない。他人が本を読んでいる最中の場面を実際に見ることはほとんどありませんから。

たとえば、大宅壮一に「本は読むものではなく、引くもの」という格言があります。ネット的思考の先取りともいえる大宅文庫の主らしい発想ですね。的を絞って自分のアウトプットに役立てることに目的がある本の使い方です。主導権はこちら側にある。参照すべき箇所が発見できれば、その本の用は済む。目的が明確であるほど読み終わるのも速い。そこでは速読術も使える。問題はそうした読書を必要としているかどうかです。だから、目的しだいというわけです。

ともあれ、拡散型読書がデフォルトとなった読書空間をわたしたちは生きている。そして、インターネット、なかんずくSNSの普及によって、確実に次のフェーズに移行している。「情報革命」が加速する。だれもが気づいているとおり、これは「読書革命」に匹敵する、あるいはそれ以上の変化です。そして、さきほどすこし述べたように、「読書の時代」が終焉をむかえつつある。未来の視点から眺めたとき、「読書の消滅」までいかずとも「読書の黄昏時《たそがれ》」くらいにはわたしたちは位置している。

もはや、拡散型読書でさえないのかもしれません。いってみれば、「放置型読書」の時代がやってきている。半分は冗談です。が、もう半分は僕の教養観のコアにかかわります。ここをフックに展開しておきましょう。

「放置型読書」の時代

いまは、「知っている」ことへのリスペクトが急速に低下している時代なんじゃないでしょうか。「いろいろ知っていてたしかにすごいけど、それって調べればわかることだよね」という批判の仕方がその典型です。知識だけあってもダメ、地頭《じあたま》のよさで勝負しましょうよというわけです。

「知識より意見を」とか、「理論より実践を」とか、あの手の物言いには一理あります。知識偏重型の知性は限界をはらんでいて、過去にさまざまな弊害すらもたらしてきたわけですから。だけど、その物言いじたいがとっくにテンプレと化していて、いまとなっては不勉強や怠慢の言い訳として便利に使われているにすぎない。「ゼロからオレが考えた」式の意見を素手でぶちまけあうことも、閉塞状況を打破するうえで、ときには効力を発揮するのかもしれない。ですが、たいていは歴史上のあまりに凡庸なパターンにはまっていて、議論を無邪気に巻き戻してしまう。せっかくの「歴史」のリソースを素どおりして、脳内で解をひねくり出すのは端的に非効率なんですよ。害悪ですらある。

自分のセンスだけを頼りに、おなじ場所をぐるぐるぐるぐる巡り続けるくらいなら（歴史を知らない当人はその循環に気づきようがないわけですが）、迂遠に見えても、先人たちが時間と労力と資金をかけて導き出した解や失敗をきっちり補助線として導入する。そうすることで、一歩でも二歩でも前に進めたほうがよっぽど有益だと思うんですけどね。もちろん、立ち止まったり、議論を意識的に巻き戻したりすることも大事です。が、それはいろいろ知ったうえでなければ機能しない。

かつての教養、とりわけ教養主義的な教養は、どちらかというと、知っている状態それじたいに意味が見出されてきました。けれど、「知っている」は課題解決や議論の前進のためにどんどん「使う」。功利的でいいんです。そのために読書するし勉強もする。先人たちが最終的に示した結論だけではなくて、そこにいたる思考のプロセスじたいも知っておく。それは読書によってしか知りえないことです。未来予想を可能にする材料は現在や過去にしかありません。そして、過去は文字や書物というかたちでストックされてきました。必要なのはそれを解読する力です。

日本は「知識蓄積型」から「意見発信型」へと学習のモデルを転換しないとダメだとよくいわれます。けれど、あまりにいわれすぎたために、知識を欠いた薄っぺらな意見発信ばかりになってしまった。ここでも極端から極端へと振りきってしまう。第2章のおわりでも触れたように、個々の意見を尊重する相対主義的な教育がねじれて浸透した結果でしょう（多様性を尊重する教育はまったく否定しません。問題はそれが形式化の道へと堕落する瞬間にある)。情報発信の敷居を劇的に下げたインターネットの負の影響でもあります。いまの学生は放っておいてもプレゼンはうまいんです。だけど、形式ばかりで中身がともなわない。自分の意見を組み立てるには、まず知らないといけないんですよ。「知る」と「意見」の適正バランスが見えなくなりつつある。

そもそも、「調べればわかる」式の反応をする人は、調べるためのレファレンスツールも知らない。たいていインターネット一択でしょう。調べるときに必要となる的確な単語も知らない。そう、調べるにはまずツールとワードを「知る」必要があるんですよ。そこが抜け落ちているから、いざというときほんとうは調べられない。入口を知らなければ、たとえ情報が存在したとしても、いつまでもたどりつけません。それがインターネットの基本構造です。だから、東浩紀さんは『弱いつながり』で、キーワードを探す旅に出る、つまりネットからときには離れて外側のリアルの世界に身をさらす重要性を強調したわけですね。

書籍とネット、現場とデジタル、それぞれの構造的なちがいを把握したうえで、状況に応じて使いわける。そして、有機的に組み合わせる。それができるかどうかでしょう。デジタルアーカイブを使いこなす能力は不可欠だけれど、なにをキーワードに設定するのかは、アーカイブの外部で培《つちか》うほかない。新しいメディア環境における教養のあり方の一つは、第3章の最後で話題になったように、そうした複数のレイヤーに同時対応しうるリテラシーにある。

いまでは、膨大な知識やデータがネット上に転がっています。しかも無料で。そうした快適な環境が安易な「調べればわかる」式の発言につながっている。ですが、ネットではカバーしきれない領域はいくらでもある(パソコンの前に座ってネットを巡回して作成された「調べてみた」系のまとめサイトが現実世界といかに乖離しているか)。いうまでもなく、ネットに保存されないものが世の中の大半です。だけど、ネットを自然環境として生きはじめているわたしたちは、油断するとついそのことを忘れてしまう。

もっというと、「いつでもそこにあるわけだから……」という安心感が、実際には「調べる」作業を永遠に先延ばしにする。「調べればわかる」と高《たか》をくくってしまう人間は結局のところ、調べやしないんですよ。いつ調べればよいのか、そのタイミングも知らない。だから、おそらく「わかる」が来ないまま一生を終える。いろいろなものがアーカイブされる時代だから、それらがすべて自分の知識や能力であるかのように錯覚する。いつでも調べられるのだから、自分はもう知っているも同然だ、そんな勘違いの全知全能感をもってしまう。むしろん、「そこにある」と「知っている」とのあいだには無限の懸隔があります。テクノロジーの発達がわたしたちを錯覚させる。

この問題はアーカイブ論一般にも接続できます。無限にアーカイブすることが可能なデジタルの世界では、「解釈留保でかたっぱしから保存」が基本方針であるべきです。というのも、無価値にしか思えないゴミが、未来では貴重なものになっていたなんてことはいくらでも起こりうるからです。とすれば、判断抜きでとにかく保存しておき、文脈や価値は後世の人間が必要に応じて発見すればいい。

ところが、他方でこうもいえてしまう。適切にタグ付けされていない膨大な情報たちは自己目的的にストックされるだけで、将来的にも使えないんじゃないか。使えないというより、わたしたちはそれを使わないんじゃないか。「いつでも調べられる」とおなじで、「調べる」や「使う」が永遠に先延ばしにされてしまう。「いつでも」の「いつ」がちっとも来ない。膨大に存在するがゆえに、ひとつも存在しないのと変わらない。そんな皮肉な事態になりかねない。これは日々スマホやデジカメに保存している大量の写真なり映像なりの行方を思い浮かべると感覚的にも理解できるはずです。そのつど撮ることには熱心だけど、整理する機会はほとんどなく、膨大すぎるあまり、見かえすこともない。

これは数百年単位の文明論的なスケールでもいえるこ

とです。定期的にタグ付けや分類だけでもしておかないと、膨大な情報が無に帰す危険性がある。情報を解読するためのコードやコンテキストやシステムは時間とともに変化します。すぐ解読不可能になる。だから、そのつど註釈や装置をアップデートし続けないといけない。『源氏物語』でも古文書でもなんでも、いまなお鑑賞可能であるのは先人たちが代々註釈を連鎖的に残してくれたおかげです。批評にはそういう役割もあるんですね。

文学なんて……と思う人もいるかもしれませんが、たとえば東日本大震災以降、古い文献に何気なく記載された地震の情報ががぜん機能しはじめたことをわたしたちはよく知っています。

なかば思いつきのように、〝「拡散型読書」の時代から「放置型読書」の時代へ〟と整理した理由がわかってもらえたと思います。「どこかにはあるから……」という安心感のために、実際にはちっとも読まない時代になっている。読んでいないのに、読んだも同然とおごりたかぶる。

この身体を通過させる

そこで、おそろしく反動的で素朴きわまりない結論をいうようですが、知識や情報はいちどはこの「身体」を通過させないと使いものにならないんじゃないでしょうか。これは第1章で触れた抜き書きの話とも通じます。「調べればわかる」ではなくて、いちどは「知っている」にしておくこと。さっきの読書とおなじで、完璧には知らなくていい。「ある程度知っている」状態が重要なんです。その「ある程度」こそが、「あたりをつける」ことを可能にする。キーワードがわかるということです。くわしくは知らなくても、関連ワードやジャンルの見取図ぐらいは頭に入っている。だから推測できる。「あたりをつける」こともできない人間が、「調べればわかる」といってしまう。滑稽でしょう。

僕自身の経験からもそう思うんですよ。『批評メディア論』は複数のおおきめの図書館の書庫にこもって、戦前・戦中の雑誌類の現物をひたすらめくるところから出発していきます。一九二〇年代初頭から一九四〇年代半ばまでがりがり通覧する。網羅的にいちどは手に取ることにこそ意味があるのだと確信していたんですね。戦前期の総合雑誌（論壇誌）の主流は『改造』『中央公論』『文藝春秋』『日本評論』（『経済往来』から改題）の四誌でした――なお、一九二〇年代後半以降、教養共同体の参入資格には、教養書を読むだけではなく、こうした月々の総合雑誌の論文をとおして理論動向にキャッチアップすることも追加されました。これらを二年一セットでくるくる回しながら時系列順に流し読みしていく。関心にひっかかる（この「関心」が無限に増殖していくため、途方にくれることになるわけですが）論説や記事と出くわすと、付箋代わりの短冊を挟んで、それがある程度たまった段階でコピー機へむかう。合本されたものを両手にいくつも抱えて移動する。

いつも、「棚のここからあそこを制覇するまで今日は帰らない」なんて目標を立ててやるんですが、さながら修行ですよ。じっさい、入庫手続きするときは毎回山ごもりに向かう気分。で、何千円分か複写して下山するころにはすっかり憔悴《しょうすい》しきっている。家に帰っても作業はまだまだ残っています。忘れないうちにコピー用紙の分厚い束を分類しないといけない。郵便局の仕分け作業のように、数十のファイルへとせっせと投げ込んでいく。タグ付けですね。肉体労働以外のなにものでもありえないそんな作業に最初の数年間は没入しました。

そのうち、総合雑誌と連動関係にあった新聞の学芸欄や文芸誌へも徐々に対象をひろげていく。日刊の新聞をめくりつづけるタームは、いま考えると二度と取り戻せない至福の時間でしたが、そのときはほとんど地獄でしかありませんでした。けれどとにかくやる。さらに派生してちいさな媒体やシリーズものなどへも手を出す。そのうち、個別の単行本も必要に応じて見るようになっていく。そうやって、「関心」のおもむくまま、どんどん対象をひろげていったわけですね。

近代日本の言論や批評のプラットフォームはどのように生成していったのか。そのプロセスの追跡にミッションを設定していたので、そうする以外になかったんですよ。というより、それしか方法を思いつかなかった。愚鈍だろうとなんだろうと、一点一点ピースを拾い集めていく。二五年分を圧縮して疑似的に生きてみたわけですね。いま考えると、ショートカット可能な局面はいくつもあったと思います。書誌や索引、データベースの類をもっと上手く組み合わせて活用すれば、ピンポイントで効率よく発掘できた記事もなかにはあったでしょう。だけど、それはあくまで「事後の眼」でしかない。とりわけ最初の数年は、その手のツールに頼ったら負けだと(笑)、なぜかかたくなに拒否していました。

ずいぶん回り道をしたと自分でも思います。しかし、時系列を追って相応の時間をかけて読み進む作業は、リアルタイムの読者とシンクロする瞬間を何度ももたらしてくれたし、おかげで時代のマップが頭のなかにくっきりとできあがりもしました。それは既成の年表を知識としてインストールする作業とはまったく異なった体験です。そのマップは僕が現代社会を観測するときの拠点にもなっている。一所を押さえておくと類推がきくんですね。

三木の図式でいえば、あれが僕にとっての「濫読」期に相当していたのかもしれません。だれも方法なんて教えてくれないので、細かい調査のコツも、濫読の過程で無手勝流で見つけて体得していった。いまなら、どこの大学も図書館方面と連携しながら、学部生向けにそのあたりの指導を工夫しているはずですし、僕も教員としてはそうした指導をします。ただ、あの手の講習はじつはさほど教育効果が出ない。やっぱり、「必要」が必要なんでしょう。必要に迫られないと身につかない。方法だけ独立して教えこんでも機能しない。

大学院生の指導の一環として、効率的に成果を出すための最短ルートをしょっぱなに提示する教員もいるようです。各院生の研究課題に適したデータベースや目録をあらいざらい教えてしまう。その教員にとってはキャリアを積む過程で一つ一つ自分で獲得していったメソッドも、伝承の場面ではどうしてもマニュアルとしてパッケージ化せざるをえない。ですが、マニュアルは事後の産物です。それをあらかじめ手渡されることはどんな帰結をもたらすのか。短期的に成果があがったとしても、長期的には次代の研究のスケールを確実にちいさくさせるんですよ。なにより全体性へのモメントが消失する。どういうことでしょうか。

全体性への想像力を

先端的なテクノロジーの変遷はあったにせよ、人文学は「全体性」について思考をめぐらせてきました。あるいは、「不在」なり「欠如」なりを考えてきた。そこにこそ存在意義もあった。にもかかわらず、人文学系の研究者たち自身がその思考をみすみす手放そうとしている。テクニカルに最短回路を選択するとはそういうことを意味します。現在の人文学の自己矛盾はここにあります。

領域横断的な共同研究プロジェクトの大半がそうであるように、異なる分野の研究者たちが結集すれば加算式に全体性を担保できると思っている（実際はそう思ってないのかもしれないけれど、すくなくともそのようにふるまってはいる）。ですが、そんな単純な話ではないんですよ。

個別の小さな世界（＝物語）でどれだけ精緻で的確な結論を導き出したとしても、研究者にとっての「全体」がその閉域を上限とするかぎり、全体性への想像力は放置されたままです。「合成の誤謬《ごびゅう》」という用語が経済学にありますが、あれをいささか乱暴に拝借してみてもいい。個々には正しいことも、それらを組み合わせたり掛け合わせたりすると、とんでもない誤りを発生させることがある。それを僕はいつもこう説明しています。部分最適をいくら積分したところで全体最適にはなりえない、と。だから、全体性への想像力を個々がどこかに確保しておかないといけない。第1章でも触れたように、その全体のなかに自分をちゃんと位置づけられること、それもまた教養の大事な要素です。

どうも話の位相が上下しているので、すこし戻しましょう。僕の場合、手探りゆえにボトムアップ式ではじめたことは利点の方がおおきかったといまでも思っています。はじめから諸々のツールの存在を教えられていたら、関連ワードをがんがん検索にかけるところからスタートしたはず。すると、どうなっていたか。検索結果の一覧を「全体」と錯覚したんじゃないでしょうか。そんな馬鹿なと思われるかもしれませんが、わたしたちはいともたやすくそんな罠にひっかかってしまう。油断するとツールの外部がまったく見えなくなる。「ウェブでヒットしなかったから……」とおなじ論理ですね。

たとえば、学生たちの期末レポートが年をおうごとに似たようなものばかりになってきています。見せあったわけでもないらしい。ようするに、参照先が特定のものに集中しているんですね。グーグルや学術論文データベースで、上位に表示されるブログなり論文なりをみんなそれぞれに参照していたというのがオチなんですが、ここには表面的な現象以上におおきな問題が潜んでいる。文学研究者の日比嘉高さんも何年か前にブログで指摘していたように、「グーグルの検索上位にくる論文こそが、より多く参照される論文である」という身もふたもない現実を極端なかたちで示しているからです。論文の質を判定する専門家相互の鑑識眼よりも、システムとしてのページランクが優位的に作用してしまう。

すくなくとも人文・社会科学系の領域では、専門的な学会誌よりも大学の紀要類の方が電子化の点では進んでいます。各学術機関の電子アーカイブシステム（機関リポジトリ）が整備された結果です。学会誌もすぐにでも全デジタル化が実現するでしょうけど、いまのところは紀要論文の方がネット上でヒットする確率が高い。客観的に見て、評価が高いのは高度な査読を経た学会誌論文の方です。そのあたりの事情を研究者たちは了解しつつ、必要に応じてネット上の情報を補完的に利用している……はずです。しかし、ほんとうにそうか。時間がないからといって、容易に入手可能なネット上の論文だけで済ますことは皆無だと断言できるか。さすがに専門分野の研究者はそんなことはないとしても、では大学院生はどうか。そして未来の研究者たちは……。システムの変更は知の構造そのものに無視しえない影響をおよぼします。

便利になるのは悪いことではありません。大学に所属している学生や研究者だけではなく、ひろく世間の人びとが学術的な成果を閲覧できるのはすばらしいことです。三木清や戸坂潤は「読者と教養のために」という一九三七年の座談会のなかで、大学制度の改革案を訊かれて、図書館のオープンアクセス化を要求しています。それが社会全体の知のベースアップにつながるのだといっている。なにより、彼ら自身が大学からドロップアウトしていたために、切実な問題だったんですね（一九三〇年代はマルクス主義の弾圧とジャーナリズムの拡大とが進んだ結果、アカデミズムから書き手が大量流出することになりました）。かつて、大学の存在意義は資料を所蔵していることにありました。彼らが望んだ開放的な資料環境は、七〇年後、インターネットによって実現したわけです。

ただし、その外側を忘れてはいけません。これからの人たちにしてみれば、いまの状況は「便利」というよりも、所与の自然環境となるはずです。ネットに存在しない論文は端的に「不便」と見なされるでしょう。というよりも、存在しないものとされる。限定された「A」（＝この場合はネットにあるもの）だけに没入し、その補集合である「¬A」（＝ネットにないもの）へと意識がむかわない。「ネットにある／ない」は論文の質とはまったく別の変数です。「A」の疑似全体性や箱庭性に気づけないんですね。その人工性をたえず意識しておくこと。デジタル・ヒューマニティーズという新しい学問がありますが、そこでいう「ヒューマニティーズ」はこの全体性を考えるものであるべきでしょう。ようするに「¬A」の「バー」を意識すること。これがデジタル時代のヒューマニティーズ、教養に含まれます。

たとえば、いまのところ、レファレンスツールが採録しているのはたいてい記事や論文のタイトルだけです。たしかに、インデックスとしてタイトルは相対的に有効です。けれど、自然科学系はまだしも、人文系の学問や批評にとってタイトル抽出にどれだけ意味があるのか。

内容をほとんど反映していないタイトルはいくらでも見かけます。といって、それらが無価値な成果というわけではまったくない。機械的な検索はそんな成果を取りこぼすでしょう。

過去の膨大な雑誌や新聞や単行本の本文もすべて、高精度のOCRに読み込ませ、デジタルデータ化し、些細な語彙も逐一検索が可能になるような、おそろしくも快適な環境が完備されたとして——遠からぬ将来、そんな時代はかならず到来します——、そのとき僕の七年半のあの作業は、そこで生まれるどこまでも効率化された作業とほとんど区別できない、いわば機能的に等価なものに変わるのかもしれません。アナログな作業過程を想像できる人間も消滅するでしょうから。先人たちのありとあらゆる仕事の布置がガガガッと一瞬で組み替わる。

歴史上、そんな事例はいくつもありました。僕だって、インターネット普及以前、さらにはコピー機普及以前の研究者や批評家とはまったく異なった身体性に支えられて思考している。それに類する事態がこれからさきの人間にも起こるだけのことなのかもしれません。ですが、それゆえに、メディア史の研究者としては、そのつど調査や執筆のコンテキストを記録し、テキストとセットで伝承する必要を強調しておきたいのです。さきほどの註釈とおなじですね。そうしないと、各時代の研究の価値自体がわからなくなる。現にどの学問分野でも、学史や学説史がかえりみられなくなりつつあります。その結果、過去の研究が大量にアーカイブ化され利用可能になりながら、皮肉なことにまったく活用できないでいる。

既成のシステムを自然環境として生きる人間は、その構築のプロセスを想像しません。近年、新聞のバックナンバーを長期間分にわたってカバーしたデータベースが出揃ってきました。ずいぶん便利で、新資料発見が急増するなど、調査の質が別次元に突入した。ただ、新聞社によって検索の方式や精度はばらばらで、本文のキーワードを拾っているものもあれば、記事の大見出しに絞ったシンプルなものもある。システム内の人的なミスも含まれていて、それに気づいたときは、キーワードの取捨選択もそうですが、人間が介入していることをあらためて認識させられる。反対にいうと、そのときくらいしか意識できないんですね。ふだんどれだけ人為性を意識せずそれを自然環境だと捉えているかがわかります。

以前、日本の書評の歴史を調査したことがあるんですが、試みに、「書評」という単語で各紙データベースを検索すると、予想以上に古い時代の記事もヒットする。おどろいて、一つ一つの中身をチェックしてみると、どこにも「書評」という単語は含まれていない。ようするに、現在でいう書評に該当する記事に「書評」というタグを貼りつけているだけなんですね。ここにはある種の倒錯が忍び込んでいる。分類という面ではタグは便利に機能します。けれど、語史をたどる場面では、その整理が夾雑《きょうざつ》物と化してしまう。デジタル化に際して入力作業をおこなった人間の解釈や判断がノイズとなる。

気づかないうちに、専門家がどこのだれとも知れぬ入力者（それは専門外の臨時のアルバイトかもしれない）に結果的に判断をゆだねる。しかも、ヒューマンエラーはどうしても残存する。にもかかわらず、そんな「偽の全体性」が真の全体性にわがもの顔ですり替わる。いまはまだいいですよ。制作過程をなんとなく推測できるので。ところが、こうした検索結果がすべてとなる世界がやって来る。

そのときのために、システム制作時の方針や条件を記録し、残しておく。どんな基準でそれがわたしたちの手元に存在するのか。経路がわかれば、次代の人間は適切な利用法を確立することができるでしょうし、不足分を上乗せで補うこともできる。けれど、前提が不明だと、とんでもない利用をしたり、引き継ぎができずに再びゼロから設計しなおさないといけなくなったりする。既存のアーカイブ類はその点で不備が多い。

どうも調査や研究に事例がかたよりましたが、あくまで一つの事例であって、研究以外にあてはまる問題です。わたしたちは生活上のあれこれの判断を次々とシステムに譲りわたしています。ですから、たびたび立ち止まって環境や前提への意識をもつこと。その外部を想像してみること。コンテキストを把握すること。そして、自分自身をそのなかに適切に位置づけること。それこそが教養の役割です。

歴史観なき歴史

自分を位置づけるといえば、「歴史」は教養の定番メニューですね。しかし、この部分がデジタル化にともなってもっとも衰弱している。一九八〇年代終盤に予言された「大きな物語の終焉」（ジャン＝フランソワ・リオタール）なり、「歴史の終わり」（フランシス・フクヤマ）なりは、インターネットの登場によって現実となりました。あのフレーズたちを現実の世界が着々と実証ないし後追いしていく二十数年だったといってみてもいい。つまり、情報が無尽蔵にストックされた世界が茫洋《ぼうよう》とひろがり、時系列や経路（その情報はいつどこから来たのか？）を意識することもないまま、それにアクセスすることを許容する環境が整備されました。

過去のあらゆるものがデジタル化され、アーカイブ化されデータベース化され、フラットに均《なら》され、ワンクリックかツークリックでピンポイントの索出が可能となる。その環境をデフォルトとする人々は、当然みずからが手にしたものを時間軸上にうまく配することができません。歴史認識を支えるフレームがかつてとは完全に異なっている。時間性が消えたこうした時代を、僕はことあるごとに、「ポストヒストリー」や「のっぺりした世界」といった単語で表現してきました。

読書に引きつけて例を出すと、紙の本であれば古いものは酸化が進んで徐々に茶色くなっていくし、保存方法しだいではぼろぼろに劣化する。だから、複数冊を比較すれば一見して新旧の推定ができる。物理的な位相がテキスト外の情報を豊富にもっているわけです。ところが、デジタルデータの場合、テキストだけからは新旧を判別できない。日付のスタンプをチェックすれば順に並べられるけれど、それはつまり直感的には並べられないということを意味している。新旧ではなく、まさに「様々なる意匠」として横並びに存在するんですね。「のっぺりした世界」はそうした文脈を指して使っています。

すこし前にこんな共同研究の成果が発表されていました。同一の小説作品を被験者グループAには紙の本で、グループBにはキンドルでそれぞれ読ませたのち、いくつかの質問をしたところ、物語の背景や登場人物、ストーリーの詳細などに関する質問の正答率にABのあいだで有意差は認められなかったものの、物語内で出来事が発生したタイミングに関する質問と、話のパーツを時系列順に並べ直す設問に関しては、あきらかにグループBの正答率が低かったとのことでした。書物の物理的側面が時間の把握を補助する。これは電子書籍を認める／認めないという話ではありません。メディアの変容によって時間感覚が変容するということです。

そうした技術由来の変化が寄せ集まれば、わたしたちの歴史観は根底から再編をせまられずにはいません。時代区分は正常に機能しなくなる。そもそも、ヘーゲル的な弁証法が作動しないから、時代が先に進まないという問題もあります。「ポストヒストリー（ポスト歴史）」はそんな事態を形容した言葉です。『1990年代論』で展開したように、九〇年代以降、思想方面でもカルチャー方面でも、とくに日本においては、いろいろなジャンルの固有名が刷新されず、いまなお二十年選手たちが不動の現役でありつづけています。このこととも、どこかリンクしているんじゃないでしょうか。おのずとリバイバルやリメイクが増える。出版業界でいえば、「生誕一五〇年」「没後一〇〇年」「創業八〇年」といったメモリアルイヤーにひっかけた過去の再発見がつづく。後ろ向きに進まざるをえない時代なんですね。それを「喪の時代」と僕は呼んでいますが、後ろ向きどころか、前後左右の方角すらわからなくなりつつある。そして、そうしたアナーキックな世界をそれなりに快適に生きてはいる。

わたしたちは環境論的に動物化していく途上にいるのかもしれません。とすれば、「ポストヒストリー」を「ポストヒューマン」と重ねてみてもいい。「歴史＝人間」の否定、あるいは超克。SF的な妄想めきますが、このまま時間感覚が消失していって、いまが西暦何年かも意識しないような、それこそ歴史不在の原始的な世界に回帰するのかもしれない。「歴史観なき歴史」がだらだらとひろがる。僕が年を取っただけなのか、あるときから、いまが何年かもとっさに出てこなくなりました。元号はとくにそうですね。サイバースペースに接続する時間の長さも影響していて……なんていいだすとトンデモな議論になってくるのだけど、自分の輪郭も居場所もわからないまま、べたーっとゲル状に伸びたり縮んだりする無時間的な空間がひろがっていく未来世界をイメージしてしまうんです。

ネット上には記録や情報があふれています。けれど、それに偶発的にアクセスする側の人間は、思い思いのタイミングだし、情報の日付を気にしません。ツイッターが普及しはじめたころの「××なう」にあらわれているように、発信側は「いま」を強調するけど、その「いま」は他者と同期しているわけではない。ネットがフローメディアとしてリアルタイムで利用されるぶんには時制が共有されます。ですが、ネットは同時に、ストックメディアとしても存在している。ネット上にはだれのだかわからない「いま」が毎瞬間ひたすらアーカイブされていき、無秩序に散乱している。

それは点でしかないんですよね。点を集積しビッグデータとして解析をかければ、解釈しだいでなにかしらの意味を形成するかもしれませんが、言語化を経ないことには「歴史」にはならない。データベースがあるだけではだめなんです。時代を総括するワードと時間軸が必要。それが生まれにくいメディア構造があります。「ポスト・トゥルース」状況はその兆候でしょう。一九九〇年代に直近の起源をもつエビデンス主義（「証拠を出せ！」という流れ）は、行くところまで行ったあげく、気づいたときには、自分の信じる――客観的にはちいさな、けれども脳内では肥大化しきった――物語を補強してくれるデータであれば、フェイクだろうとなんだろうとかまわず盲信するという壊滅的な事態にまで進展してしまいました。

だれもが自分の物語に閉じこもっていられる。そんなコクーン化した世界をすこしでもぶち破るには対話について きちんと考えてみないといけません。

テンプレ化する社会

最近、ツイッターが登場したころのことをよく思い出すんですが、「いま起きた」「はらへったー」「ムカつく」「寝る」といった剝き出しの感情表現というか、およそ取るにたらぬ実況がどろどろどろどろと数分おきに世界にむけて吐瀉《としゃ》され、ヘドロのごとく見る見る堆積し履歴が層をなしていく、そんな光景はやはり異様でした。見たことのない世界が突如姿をあらわしたわけですから。公開であるにもかかわらず、見てはいけない他人のプライベートを覗き見てしまったような罪悪感というか、自分のなかでもどう処理してよいか戸惑う新種の感情が芽生えた人も多かったんじゃないでしょうか。

あの戸惑いは、はなから対話を放棄した「つぶやき」としての情報発信という、どう考えても自家撞着としかいいようのない動機への違和感に由来するものだったはずです。そんな矛盾の常識化をメディアは可能にしました。僕もそのうち使うようになるのですが、違和感の根本はいまだに解消されないままです。その証拠に、ツイートするそのたびに、毎度ながら文末辞の選択に一瞬でも必ず迷ってしまうんですね。句点の到来をあたうかぎり先延ばしにしたり、体言止めを多用したり、意図的に「です・ます」(＝敬体)と「だ」「である」(＝常体)とを混在させてみたりと、さすがに別の意味で自意識過剰なのではと自分で情けなくなりもするのだけれど、そうでもしないことにはなんということもない告知一本さえ打てずにいるわけです。

文学領域の言文一致体の確立者である二葉亭四迷に最初にアドバイスした坪内逍遥は、のちに「言文一致の荷厄介は敬語と語尾」と述懐しています(「言文一致について」)。ツイッターやＬＩＮＥがこの国に何度目かの「俗語革命」をもたらしつつあると考えるならば、まさに近代化のプロセスにおいてさまざまな可能性を削ぎ落としながら洗練していった言文一致の生成の瞬間を、ツイートするたびにわたしたちは辿りなおしているのかもしれない。これは大げさな話でもなんでもなくて、ほんとうにそう思うのです。

明治期の書き手たちの最大のミッションは登場人物同士のあいだ、あるいは作者と読者のあいだの物理的だったり心理的だったりの距離をどう言語で表現するかにありました。つまり、問題は他者との関係性だった。それが文末に集約される。けれど、その苦悩や到達点をまるごと吹き飛ばすのが現行の俗語革命でしょう。「他者なき言文一致」とでも呼んでおきましょうか。それはまったく新しい言語表現の誕生を意味しています。旧タイプである僕のような人間に違和感を与えはするものの、これからのメインストリームになっていく可能性が高い。

こうもいえます。スマホで友人にＬＩＮＥやメールを送るとき、いちいち入力せず予測変換機能に指をゆだねて、ひたすらタップしているうち、それっぽい文章が出来上がっていたなんて経験は、スマホユーザーの多くがもっていると思います。テンプレのパッチワークだけれど、それなりにコミュニケーションは成立してしまう。自分の感情の伝達手段も言語ではなく、スタンプだったり目の前の風景を納めた画像だったりにおきかわりつつある。冒頭でした「描写の不在」と通底する話ですね。言語による近代のリアリズムが完全に放棄されつつある。テンプレの復権とリアリズムの失効は、他者どころか自己すら消滅した世界を意味しています。わたしたちはこの身体をＡＩに捧げている。

ツイッターが流行しはじめたころ、東浩紀さんがこんな話をしていました。一九六〇年代なかばに発表された小松左京のＳＦ小説「神への長い道」がおどろくほどツイッターの予言になっている、と。無期限の冷凍睡眠を経て、三五世紀後の世界に覚醒した人物が主人公の小説なんですが、彼は未来人たちの会話にまったくついていけずにいる。というのも、言語は異様なまでに簡略化され、驚異的なテンポで会話が交わされているからです。「めいめいの人間は、相手のいっていることなどきかず、猛烈なスピードで自分の考えをしゃべりつづけ、相手のしゃべりつづけている話のうち、ほんの一つ二つの単語なりフレーズなりで、なにかこちらが展開している思考にヒントとなるようなものがあれば、それが相手方の展開している思考系列のなかで、どういう順序、または意味で組みこまれているかということとは関係なく、それをこちらの思考の流れにとりいれて、また新たな方向へ、自分の考えを展開していくらしかった。」

作中ではおあつらえむきに、そんな会話の様子を「鳥のさえずり」に喩《たと》えてさえいます。ツイート（tweet）はまさに「鳥のさえずり」を意味していて、だからこそ鳥型のロゴが使用されてもいるわけですが、三五〇〇年もの時間の経過を待つまでもなく、わたしたちの日常はすでにこうした〝対話ならぬ対話〟の原理に満たされかけている。そしてそんな言葉が日々膨大に流れ去ることによって各自のタイムラインを形成しつづけている。トークイベントに登壇する批評家や起業家たちの早口は、見る人によってはいまの引用箇所のように映っているんじゃないでしょうか。だれも他人の話など聞いてやしない。

ジョン・ダーラム・ピーターズというアメリカのメディア研究者は、一九九九年に出版した*Speaking into the Air*という学術書（未邦訳）のなかで、相互的で直接型の「対話」ではなく、非相互的で拡散型の、たとえばメディアを介した、「非対話」をコミュニケーションの基底に想定しています。つまり、究極的にはおたがい相手へと到達できないことを出発点にしている。遠隔現象的で一斉送信（撒種《さんしゅ》）型のモデルでコミュニケーションを捉えているんですね。メディア技術の発達によって、コミュニケーションが歪められたのではなく、コミュニケーションの本質がよりあきらかになったのだと見るわけです。「コミュニケーションはモノローグの重ね合わせ以外でありうるだろうか?」という。この認識はツイッター以前どころか、ネットが爆発的に普及する直前のものなんですが、二〇一〇年代のメディア環境においては、現実がいっそうこの理論の正当性を補強しているように見えてきます。

小松左京が描く三五世紀後の世界では、「もはや、機械のアドヴァイスをうけなければ、何をしていいのかわからないような人間が大部分」になっています。わたしたちもその境地に足を踏み入れかけているのはまちがいない。予測変換や検索補助はその身近な例ですね。社会規模でもそう。人間同士の討議や対話を経ずとも、最適化された行動を導き出すことができると強弁する人は増えているし、そうした発想は小説のなかの言葉を借りれば「ぞっとするような無関心」の蔓延と連動しています。

対話の技法や意義がわからなくなったわたしたちは、しばしば非効率的で非合理的ないさかいを発生させてしまうし、それがみずからの身を滅ぼすことだってある。中途半端に対話しようとするからそうなるのであって、意思決定をＡＩに完全にゆだねてしまえばすべて解決するのだという見方もあるでしょう。ですが、それは多くのＳＦが描くように、やっぱりディストピアだとしか思えない。だから、対話のどうということもない要領やメチエを忘れきってしまわないうちに、言語化しておく。その言語すらいつか読めなくなる日が来るのかもしれないけれど、とにかく残しておく。

高度なテクノロジーに囲まれ、すっかり動物化したわたしたちが生きるこの世界のなかで、「対話」を再帰的に追求していく営為こそが、「人間」、つまりヒューマニティの最後の砦《とりで》なんじゃないでしょうか。

対話的教養とはなにか

本書では、「修養主義」（明治期）、「文化的教養」（大正期）、「政治的教養」（昭和戦前期）、それから「大衆的教養」（昭和戦後期）に続く現代日本の教養のあるべきモデルとして、「対話的教養＋現場的教養」を提案してきました。しかしこれは、「ＡがダメならＢへ」という図式ではないんですね。

自律分散した島宇宙的な世界や物語が相互の交流を欠いたままフラットにならんでいて、そのなかの最有力とされる世界の知識や教養が全体を統合するかのように思われがちですが、それはいかにも「ゼロ／一〇〇」型の思考でしょう。Ａの次はＢ、Ｂもじつはもう古くていまはCが来ている……といった発想では結局のところなにも変わりません。ちょっと前までは、ビジネスの「三種の神器」として英語と会計とITが基礎教養とされていました。いまはそれがAI周辺におきかわっている。カントだマルクスだと新しい思想を輸入していたスタイルとなにも変わっていない。新しくないんですよ。モードが「近代」のまま。容器はおなじで中身が次々と入れ替わっていくだけ。

全体の地図のなかに個別の世界をちゃんと位置づけて、無数に散らばるタコツボの一つにすぎないのだと自覚しないといけない。そして、もしも「新しい教養」というのであれば、容器つまりフレームやモデルそのものから変形させる。そうしないと、AIの次になにが来るのかを占うようなせこい教養論しか出てこなくなります。先取誘導の論理（乗り遅れると負ける）で無思想的に飛びつくだけ。

第1章で鷲田さんがいっていたように、かつてはパノラミックな教養の体系なりグランドセオリーなりがどんとあって、それによって全体性が担保されていました。けれど、その構図が不可能となった以上、たとえば対話を連鎖させていくなかで全体性を立ちあげるしかないんじゃないでしょうか。棲み分けたまま積分するのではなくて、対話の只中にそのつど全体を仮構する。たとえば、別の現場の教養なりメチエなりを、こちらの現場にも応用できるんじゃないかと虎視眈々と観察してみる。この場合の「現場」は同時代だけではなくて、歴史のなかにも潜んでいる。整備されたアーカイブのおかげで、過去の現場を現在と等価に召還することができるようになりました（弊害はさきにのべたとおり）。そして、別の現場にも自分の現場のメチエを伝達しようと試みる。それによって協働の可能性をさぐる。個別の領域では対応しきれない「課題」が山積した時代ですから。

インターフェイスをどうつくるか。こちらのコンテキストをどう翻訳するのか。あちらのコンテキストをいかに解読するのか。漫然と意見交換するのではなくて、対話の場が要求する「メタ教養」のようなものがあるはずで、それを三つの対話では「対話的教養」と呼んできたわけですね。自分の現場で洗練されたハイコンテキストな、つまり「あ・うん」で伝承されたあれこれ（これを発達させるのが共同体でしょう）を解きほぐして、オープンソース化する能力。相手のコンテキストと自分のコンテキストが衝突したりすれちがったりする対話の場に応じて、やり方をスイッチングできる能力。そうした一連の能力が必要とされています。そしてそれを支えるのは、しつこいようですが、ストーリーや情報以外の位相をも解析する「精読」的な経験の蓄積です。

　もうすこし身近なところでいうと、「比喩」を上手く使えるということでしょうか。科学や学問は比喩を嫌います。比喩は前提なり価値観なりが共有された共同体の内部で機能するのであって、普遍へとひらかれていないからです。科学は反証可能な客観性に支えられていないといけない。そこを論理ではなく感覚でのりきろうとする比喩はノイズに振り分けられる。

　ですが、「対話的教養」は究極的にいえば、この比喩を運用する能力なんだと思います。「比喩」という表現自体が比喩的ですけどね。このジャンルにむけてはあの事例をもってきた方がわかりやすいだろうとか、この人にはその説明の仕方では伝わらないだろうとかいったぐあいに、状況から判断して柔軟に文法や用語や語り口に関するカードを意識的に選択していく。相手のコンテキストにかちっとはまるモードをひっぱってくる（その対極にあるのは、テクニカルタームばかりで記述された取扱説明書ですね）。他者にひらくことで自分も組み替わる。だからといって、それは主体性の欠落を意味しません。教養主義はよくいえば絶対主義を回避する術であり、わるくいうと、「あれもこれも」と継ぎあわせる折衷主義で軸がぶれぶれ。だけど、これからの教養主義は主体性を確立したうえで、「あれもこれも」をきっちり操縦していく。

　これを別の角度から表現すると、それぞれが「分《ぶん》をわきまえる」ということにつきています。もちろん道徳的な話ではありません。全体のなかでの自分のポジションを正確に測定する。そして、決して高をくくることなく、ほかの領域の現場的教養を解読する……とどこまでくりかえし説明したところで、空論にとどまってしまうのが対話的教養のむずかしいところ。やはりそれは遂行的に示されるほかないものなのでしょう。引き続き、対話のアリーナをいろいろな現場でひらいていけたらといまは思っています。

この談話も三つの対話と同様に、なんとなくはじまって、時間が来たのでなんとなくおわってしまいますが、それでいいんじゃないでしょうか。「初から読まなけりゃならないとすると、しまいまで読まなけりゃならない訳になりましょう」と画工はいいました。その言葉に倣って、スタートとゴールを区切って一直線で結ぶだけではない、それ以外のスタイルがもっとあっていい。そこで、三つの対話と一つの談話のプロトコルを別の新たな対話へと転送し、本書をいったん閉じることにします。

大澤聡（おおさわ・さとし）
一九七八年生まれ。批評家。近畿大学文芸学部准教授。専門はメディア論／思想史。東京大学大学院総合文化研究科博士課程修了。博士（学術）。著書に『批評メディア論――戦前期日本の論壇と文壇』（岩波書店）、編著に『１９９０年代論』（河出ブックス）、『三木清教養論集』『三木清大学論集』『三木清文芸批評集』（以上、講談社文芸文庫）などがある。

筑摩選書 0160

教養主義《きょうようしゅぎ》のリハビリテーション

二〇一八年五月一五日　初版第一刷発行
二〇一八年十月　五　日　初版第三刷発行

著　者　大澤《おおさわ》　聡《さとし》
発行者　喜入冬子
発　行　株式会社筑摩書房
東京都台東区蔵前二-五-三　郵便番号　一一一-八七五五
電話番号　〇三-五六八七-二六〇一（代表）
装幀者　神田昇和
印刷　製本　中央精版印刷株式会社

 ISBN978-4-480-01666-9 C0300

筑摩選書 0070

社会心理学講義
〈閉ざされた社会〉と〈開かれた社会〉

小坂井敏晶

社会心理学とはどのような学問なのか。本書では、社会を支える「同一性と変化」の原理を軸にこの学の発想と意義を伝える。人間理解への示唆に満ちた渾身の講義。

筑摩選書 0133

憲法9条とわれらが日本
未来世代へ手渡す

大澤真幸 編

憲法九条を徹底して考え、戦後日本を鋭く問う。社会学者の編著者が、強靭な思索者たる井上達夫、加藤典洋、中島岳志の諸氏とともに、「これから」を提言する!

筑摩選書 0141

「働く青年」と教養の戦後史
「人生雑誌」と読者のゆくえ

福間良明

経済的な理由で進学を断念し、仕事に就いた若者たち。知的世界への憧れと反発。孤独な彼ら彼女らを支え、結びつけた昭和の「人生雑誌」。その盛衰を描き出す!

筑摩選書 0142

徹底検証　日本の右傾化

塚田穂高 編著

日本会議、ヘイトスピーチ、改憲、草の根保守、「慰安婦報道」……。現代日本の「右傾化」を、ジャーナリストから研究者まで第一級の著者が多角的に検証!

筑摩選書 0153

貧困の戦後史
貧困の「かたち」はどう変わったのか

岩田正美

敗戦直後の戦災孤児や浮浪者、経済成長下のスラムや寄せ場、消費社会の中のホームレスやシングルマザーなど、貧困の「かたち」の変容を浮かび上がらせた労作!

筑摩選書 0157

童謡の百年
なぜ「心のふるさと」になったのか

井手口彰典

心にしみる曲と歌詞。兎を追った山、小川の岸のすみれやれんげ。まぶたに浮かぶ日本の原風景。童謡誕生百年。そのイメージはどう変化し、受容されてきたのか。